나의 왼발

여섯 작가의 인생 분투기

나의 왼발

여섯 작가의 인생 분투기

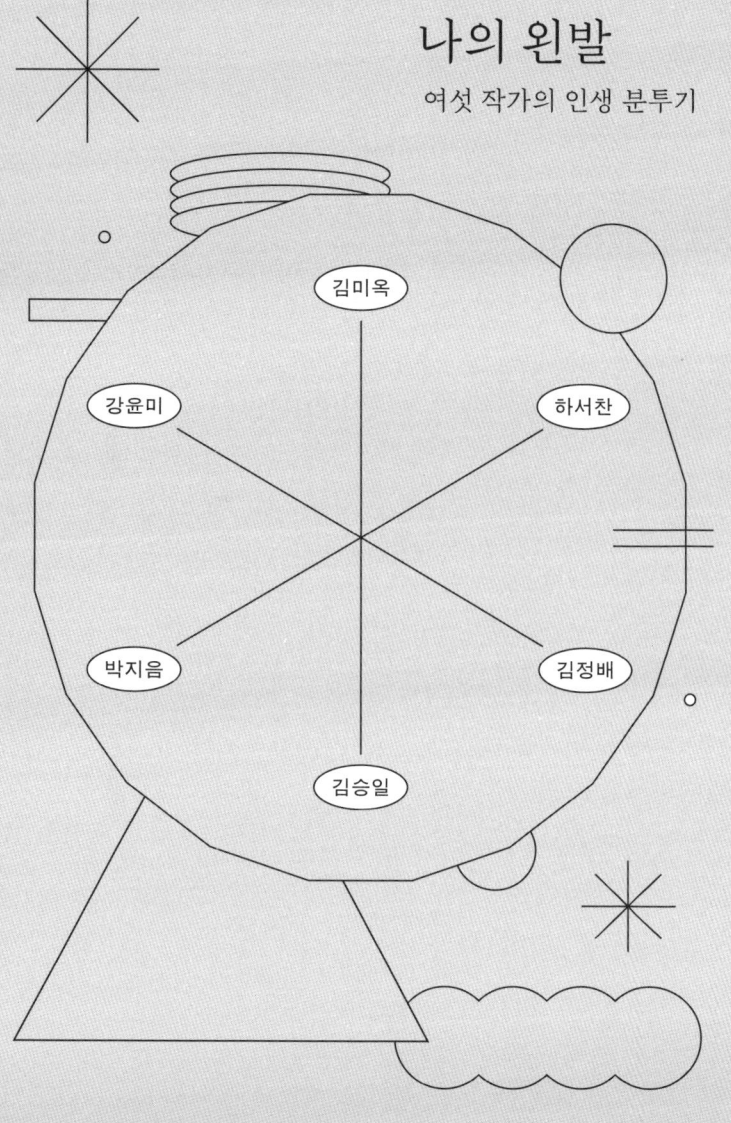

파람북

글쓴이의 말
단지 거기 있어주어서 고맙다는 말

한강 작가가 노벨문학상을 수상했다. 나도 놀랐고 세상이 놀랐다. 사람들은 출판계에 초대형 호재가 떴다고 흥분을 감추지 않았다. 그런데 이상하지 않은가. 업계가 어렵다는 얘기가 곳곳에서 터져 나온다. 〈기생충〉이 아카데미상을 탔을 때도 그랬다. 성공 수혜의 당사자를 제외하고 대다수는 표정이 밝지 않다. 애써 표정을 드러내지 않으려는 속내가 빤히 읽히는데도 그렇다.

빛이 강하면 그늘이 짙은 법이니 그럴 수도 있겠다. 문제는 사람들이 성공 스토리에만 관심을 기울인다는 것이다. 루저나 마이너, 실패자의 고난이 혹여 내 삶에 끼어들까 싶어 지레 보려, 들으려, 읽으려 하지 않는다. 이해하기 힘든 주술이 바이러스처럼 퍼져간다.

그리하여 세상에는 성공담만 넘쳐나고 실패한 이들은 자취도 없이 사라진다. 아니 사라져야 마땅한 것만 같이 취급된다. 모임에 가도 성공한 이들의 무용담만 들려오고 실패한 친구들은 소식조차 들리지 않는다. 성공하려면 성공한 사람들의 이야기를 들어야 한다고 세상이 다그친다. 사람들은 남들의 실패가 자기 옷깃에 묻기라도 할까 봐 전전긍긍이다. 자신의 아픈 점, 못난 과거는 마치 잘못한 아이를 다루는 양 마음속 방 안에 가두고 나오지 말라고 엄포를 놓는다. 그래서 SNS에서는 다들 즐겁고 행복하다.

나 또한 마이너다. 실패라면 나도 뒤지지 않는다. 출생부터 실패라는 말을 듣고 자랐다. 하지만 뒤집어 말하면 나는 엄마의 실패 덕분에 태어난 셈이다. 나를 둘러싸고 계속해서 일어나는 눈물 나는 실패 덕분에, 나는 세상을 좀 더 치열하고 날카롭게 보는 방법을 배웠다. 실패라고 취급되는 사물과 인생이 하찮지 않음을, 별다를 것 없이 세상의 다른 것들과 함께, 그저 존재하는 것임을 알았다.

그래서 나는 좋지만 안 나가는 책들과 빛을 보지 못한 작가들, 작은 출판사의 도서들만 골라 독후감을 썼

6   나의 왼발

고, 낯부끄러운 명성을 얻게 된 것은 그 때문이다.

태어나서 열심히 성공한 사람들 때문에 얼마나 이 세상이 혼란스러운가. 반면 실패자들은 묵묵히 살아내며 다른 이들을 지탱하고 있다. 우리 안에서도 마찬가지다. 우리의 실패가 말없이 우리를 지지해주는 것이다.

대개 우리가 겪는 아픔과 좌절은 굳이 실패라고 이름하지 않아도 될 일들이다. 한때의 실수이거나 기대에 미치지 못했던 경험일 뿐이다. 또, 실패를 경험했다고 한들 실패자라고 할 수도 없다. 최소한 스스로 그렇게 낙인하지는 말자.

몰래 상심을 가슴에 품은 사람들에게 전한다. 당신이 겪은, 또는 겪고 있는 아픔은 수도 없이 많은 유사 감정의 하나일 뿐이니, 그 기억에 자신을 유폐시키지 마시라고, 스스로 혼자가 되지 마시라고, 눈물보다는 땀의 힘을 믿으시라고, 내게는 실패자도 성공자도 아닌, 단지 거기 있어준 당신이 그저 고마울 뿐이라고. 그리고 당신이 거기 있어준 덕분에 우리가 살아가고 있는 것이라고.

필진을 대표하여

김미옥

기획의 말

너무 잘하려고 하지 않겠습니다

'완벽하지 않아도 괜찮습니다'라는 말을 들을 때마다 마음이 따뜻해졌습니다.

실패가 아니라 실수를 줄여나가라는 말도 아직 덜 자란 마음에 힘이 되었습니다.

이런 사람들과 글을 쓰면서 마음을 나눌 수 있으면 좋겠다는 생각에 이 책을 같이 하자고 했습니다.

서로가 있으니 완벽하지 않아도 괜찮겠지요.

실수하고 고개 숙이는 내게 오늘은 어제보다 나았다고 말해주는 사람들에게 감사를 전합니다. 너무 잘하려고 하지 않겠습니다.

당신들이 여기 있으니 천천히 걷겠습니다.

우리가 처음 만난 날이 한여름이어서일까요?

나는 '우리'를 떠올리면 눈부신 초록이 아른거리고, 명랑해지면서 뱃속에서 웃음이 올라옵니다. 우리의 이야기를 책으로 내보면 좋겠다고 생각한 것은 작년 여름 전주에서 있었던 인문학 토크 때문입니다.

그날 강연자였던 김정배 교수의 실패담에 청중들이 어찌나 열광하고 위로를 받던지요.

마이너들이 실패를 딛고 '오늘'을 어떻게 만들어 가고 있는가.

자신의 길을 어떻게 열어가고 있는가.

패배감에 젖은 지금 세대에게 우리의 경험이 도움이 되지 않을까.

이런 아이디어가 반짝였고 이 책이 시작되었습니다.

좋은 글 쓰라고 손잡아 주시는 김미옥 선생님께 이 제안을 말씀드렸습니다. 그분의 인생 경험과 딛고 일어선 순간들이 저를 이끌어 주었기 때문입니다. 마이너들의 영원한 지지자 김미옥 선생님께서는 흔쾌히 수락해 주시고 출판사와 연결도 해주셨습니다.

책이 만들어지는 동안 우리는 모여서 회의하며 웃었고 서로를 격려했습니다.

글이 완성되는 사이에 누군가는 가족이 세상을 떠

났고, 누군가는 젊은 나이에 목숨을 놓았습니다. 그들은 내가 좋아하는 영화 속 배우이거나 젊은 작가이기도 했습니다. 글을 쓰면서 생각했습니다. 인생은 성공과 실패가 아니라 그 모든 순간을 겪어내는 과정이 아닐까 하고요. 어딘가에는 끝이 있고 극복까지는 아니라도 견디다 보면 지나간다는 말에 동감하게도 되었습니다.

당신이 이 책을 읽고 봄꽃처럼 조금은 설레고 따뜻해지길 바랍니다.

이 책은 '우리'가 손을 맞잡고 당신에게 전하는 다정함입니다.

봄의 문턱에서

박지음

목차

글쓴이의 말	단지 거기 있어주어서 고맙다는 말	5
기획의 말	너무 잘하려고 하지 않겠습니다	9

김미옥

이태원의 꿈 — 17

기억 속의 무쇠 칼 — 27

나의 왼발 — 36

하서찬

배추를 안고 온 아빠 — 47

정어리 통조림 공장에 간 K — 57

홀로 영광 — 71

김정배

내 이름은 'Hz'입니다 — 83

오늘 처음 원고청탁을 받았습니다 — 95

Whale dance — 108

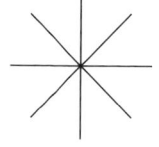

김승일

과학을 잃고 나는 썼네 ⸺⸺⸺⸺⸺ 125

범인(凡人)과 범인(犯人) ⸺⸺⸺⸺⸺ 138

학교에서 학교로, 지면(紙面)에서 지면(地面)으로 ⸺ 151

박지음

바리데기 ⸺⸺⸺⸺⸺⸺⸺⸺ 173

우정으로 삶이 환해지는 순간을 기대하며 ⸺⸺ 183

마이너를 위하여 ⸺⸺⸺⸺⸺⸺⸺ 195

강윤미

귀신의 시 ⸺⸺⸺⸺⸺⸺⸺⸺⸺ 209

피아노의 숲 ⸺⸺⸺⸺⸺⸺⸺⸺ 221

안부 ⸺⸺⸺⸺⸺⸺⸺⸺⸺⸺ 231

김미옥

누구나 한 시절 앓기 마련이다. 피치 못할 일이다.
나 또한 예외는 아니었다.
본시 삶이 그렇고, 사람이라서 그런 것이다.
돌이켜보면 그 시절, 내가 흘렸던 건 눈물이 아니라 땀이었다.
그리고 이제 깨닫는다. 땀은 사람을 속이지 않는다는 걸.

이태원의 꿈

약속이 있어 광화문을 지나는 길이었다. 태극기와 성조기를 든 한 무리의 시위대가 행진하고 있었다. 얼핏 D의 모습을 본 것 같았다.

오랫동안 잊고 있었던 그녀에게 전화를 받은 것은 그 며칠 전이었다. 당신이 누군지 모르겠다고 하자, 답답한 듯 그녀는 대뜸 이태원과 한남동을 말했다. 어떻게 거길 잊을 수 있느냐고 다그쳤다. 마치 그 두 곳이 우리의 고향이기라도 한 것처럼. 나는 부끄러운 과거를 들킨 사람처럼 허둥거렸다. 젊은 날 그녀와의 어울림은 잠시였고 짧았다고, 그녀를 잊어버렸다고, 알아볼 자신도 없다고 나 자신에게 변명을 늘어놓았다.

20대의 혹독했던 겨울, 나는 한남동 주택의 입주 가정교사였다. D는 근처 이태원에 살았다. 합석한 자리에서 우연히 알게 된, 내 친구의 친구 D를 나는 친구보다 더 자주 만나게 되었다. 함께 어울린 것은 우리가 그때 그곳에 있었기 때문이었다.

그때 그곳에서 우리는 현실이라는 블랙홀에 갇힌 것만 같았다. 암담했다. 특히 여자에게 더 잔인한 시절이었다. 외국 여행도 자유롭지 않았고 유학은 선택받은 자만이 가능했다. 가난하거나 형편이 자유롭지 않은 젊은 여자가 한국을 떠날 수 있는 길은 국제결혼이었다. D는 아버지가 돌아가시자 계모와 담판 후 돈을 받고 집을 나왔다. 다니던 학교를 그만두었다. 그리고 외국인이 많은 이태원에 집을 얻었다. D는 무엇이든 즉각 행동으로 옮기는 사람이었다. 나처럼 생각이 많아 우유부단하지도 않았다. D의 성품보다 내가 놀란 것은 D가 만나는 친구들이었다. 나는 대한민국 내 또래의 여자들이 그렇게 많이들, 그런 생각을 하는지 상상도 하지 못했다.

그들은 한국 남자를 경멸했다. 기지촌 직업여성이 아닌, 대학에 다니거나 졸업한 여자들이었다. D의 집에서 만난, 이름도 기억나지 않는 한 여자애가 내게 말했다. 다른 나라 남자한테 얻어터지고 여자에게 화풀이하는 족속이 한국 남자라고.

"그게 반만년 우리의 역사 아녜요? 떠나면 돌아오지 않을 거예요."

그녀들은 나비처럼 밤마다 외국인이 많이 모이는 곳을 찾아다녔다. 나는 화장을 하면 무섭게 아름다운 그녀들이 외국인같이 낯설었다. 그녀들은 영어 회화를 잘했고, 세련되었고, 더러 기품도 있었다. 외국인이라고 아무나 만나지도 않았다. 상대가 자주 바뀐 건 선택의 폭을 넓히기 위해서였을 것이다.

그녀의 친구가 동거는 해도 결혼은 약속하지 않는 외국 남자 때문에 자기 머리카락을 쥐어뜯던 장면이 기억난다. 남자 쪽에서 청혼하게 만드는 일은 쉬운 일이 아니었다. 그들도 바보가 아니었으니까. 나는 D에게 진심으로 조언했던 것 같다. 아니 내 생각을 말했던 것 같다. 경제적이든 사회적이든 능력을 갖춰 남자가 필요 없어지면 오히려 남자가 찾아오지 않겠느냐고 했다. D는 크게 웃었다.

"한국에서?"

그녀는 나를 순진한 동생을 보듯 타일렀다.

"집에서 책이나 읽어."

D는 영어 회화에 미쳐서 잠꼬대도 영어로 했다. 지상에 방 한 칸도 없는 떠돌이 입주 가정교사는 이 층 방 두 개를 전세로 사는 그녀가 부러웠다. 주로 밤에 외출하는 D는 내게 호의적이어서 열쇠 숨긴 곳을 알려주었다. 그녀가 없어도 나는 그 집에서 밥을 해 먹고 잠도 잤다. 각자의 삶을 추구하는, 기묘한 동거였다. 나는 D가 한국을 떠날 거라고 짐작했다.

주말 아침이면 그녀의 집에서 진풍경을 볼 수 있었다. 백인 여자가 브래지어도 하지 않고 팬티 차림으로 베란다에 기대어 담배를 피우곤 했다. 우리와 눈이 마주치면 담배를 낀 손가락을 흔들며 "하이~" 하고 인사를 했다.

D의 말에 의하면 백인 여자는 미 8군 군무원이라고 했다. 우리의 마른 가슴 네 개를 다 합쳐도 그녀의 가슴 하나를 이길 수 없었다. 유창하게 영어를 지껄이던 D가 돌아서며 말했다. '젖소 같은 년'. 나는 군무원 여자의 벗은 몸을 보며 『머나먼 쏭바강』의 프랑스 혼혈녀를 생각했다. 그녀도 저런 차림으로 베란다에 기대어 담배를 피웠던가. 어떤 사랑은 폭력으로 증명한다. 남자가 한국으로 돌아간다고 하자 그녀는 미친 듯

이 살림을 부쉈다.

다시 겨울이 찾아왔고, 나는 가정교사를 그만두어야 했는데 갈 곳을 준비하지 못했다. 나는 한참을 망설이다 D가 있는 이태원으로 발길을 돌렸다. D에게 며칠만 기거하게 해달라고 부탁할 생각이었다. 그날 그녀의 집은 그니의 친구늘과 외국인으로 북새통이었다. 학원의 영어 강사, 군인, 군무원, 저마다 직업이 달랐지만, 대화의 반은 비속어였다.

술 취한 D가 과장되게 나를 포옹했는데 마치 연극처럼 느껴졌다. 따뜻한 곳에 들어오자 얼었던 몸이 풀리면서 자꾸 눈이 감겼다. 마시고 피우고 떠드는 모든 광경이 안개 속이었다. 나는 다른 이들처럼 외국인같이 행동할 수 없었고, 그렇다고 한국인 노릇을 잘하는 것도 아니었다. 나는 벽에서 주르르 흘러내렸다. D는 백인 남자의 어깨에 비스듬히 기대어있었다. 나는 지금도 그녀와 결혼한 남자의 얼굴을 모른다. 그 남자였을까?

새벽에 눈을 떴을 때 모두 방바닥에 널브러져 있었다. 빈 술병이 굴러다녔고 재떨이에 꽁초가 수북했다. D는 그 사이에서 구겨진 채 피곤한 얼굴로 자고 있었다. 나는 처음으로 그녀의 얼굴을 제대로 본 느낌이었다. 밤사이 눈이 내렸다. 창밖의 풍경은 크리스마스 카드 같았다. 나는 낡은 코트를 걸치고 집을 나와 눈길을 뒤뚱거리며 걸었다. 그 비틀비틀거리는 인생에 새벽 버스가 흔들흔들 말을 걸었다.

'넌 아무것도 아니야, 넌 아무것도 아니야.'

맞다, 나는 아무것도 아니었다. 가난은 불길했고 미래는 앞이 보이지 않았으며 청춘은 비루했다. 그날 이후 나는 D의 집에 발길을 끊었다.

D는 미군 부대 군속 백인 중년 남자를 만나 결혼식 없는 결혼을 했고, 목표를 이루었다. 그전에 그녀에게 연락이 와서 다시 만났지만, 끝이 좋지 않았다. 나는 이태원이 싫었다. 특히 아시아 각국을 유목민처럼 방랑하는 싸구려 외국인 영어 강사들이 싫었다. 내 마지막 말은 그녀에게 상처가 되었다.

"제대로 된 외국인을 만나려면 공부를 더 해서 외국계 회사에 들어가든지."

잘못된 발언이었다. D의 목표는 국제결혼도, 외국인을 만나는 것도 아니었다. 한국을 떠나는 것이었다.

그해 겨울 이태원 골목길을 빠져나올 때 내 청춘은 모퉁이를 돌았다. 그 이후로도 나는 가끔 D가 발가벗은 채 베란다에 기대어 담배를 피우는 꿈을 꾸었다. 꿈속에서 D의 가슴이 젖소처럼 흔들렸다. 베란다 너머 풍경은 강물이었는데, 그녀는 워싱턴에 있었으니 포토맥강이어야 옳았다. 하지만 나는 그것을 메콩강이라고 생각했다.

나도 학비가 무료라는 독일 유학을 꿈꾸었지만, 가지 못했다. 나의 가장 큰 구속은 '잉여 인간'인 딸로 태어난 것이었다. 내게는 책임져야 할 가족이 있었고, 나름 열심히 살았지만 늘 바닥에서 허덕거렸다. 나는 여자라면 당연히 받아들여야 한다는 의무를 의심하고 그것에 저항했지만, 세상은 견고했다. 여자라는 이유로 해야 할 일도 많았고 하지 말아야 할 일도 많았다. 나는 유리천장에 부딪힌 식물이었고, 시들시들거리다 어른들의 소개로 한국 남자를 만나 결혼했다. 맞벌이에, 육아에, 집안 살림은 여자의 일이었다. 중요한 업무 중에도 상사의 눈총을 맞으며 조퇴해서 시댁의 제사를 거들어야 했다. 늦게 왔다고 시댁의 전업주부들이 눈을 흘기면 나는 워싱턴으로 떠난 D를 생각했다.

여자 직원 둘이 동시에 임신했다고 투덜거리던 상
사도 있었다.

"당신들이 산후 휴가를 내면 다른 사람들이 피해를
본다는 생각을 왜 못 해?"

임신도 눈치를 봐야 했던 야만의 시절이었다. 나는
부당한 대우를 받을 때면 떠난 D를 생각했다. 미국은
여자도 여자에게 너그러울 것 같았다. 나는 D를 부러
워했다. 아니 떠날 용기를 가진 그녀들이 부러웠다.
반만년 유구한 역사를 거부하는 것은 용기였다.

부당하고 힘든 일이 생길 때마다 나도 미국을 꿈꾸
었다. 그곳은 여자가 목소리를 내고 인간으로 합당한
대우를 받은 그런 세상이었다. 사실 그런 세상이 있기
나 한 건지 모르겠다. 그러나 80년대 우리가 꿈꾸던
미국은 그런 나라였다.

그녀의 소식이 바람결에 들려왔다.

서브프라임 모기지 사태 때 이웃 차고를 빌려 들어
갔다고 했다. 결혼을 세 번 했다는 말도 들렸다. 말을
전하는 친구가 입술을 비죽거렸지만, 나는 D를 믿었
다. 동창도 친구도 아닌 한 시절의 인연이었지만 그
누구보다 내게 강렬했다. D는 두려움 없는 인생을 사

는 여자였다.

그녀는 절대 나처럼 살아서는 안 되었다. 나는 아무것도 아니었고 그 무엇도 되지 못했지만, 그녀는 해냈을 것이다. 나보다 용감했으니 인생의 전환점마다 도약했을 것이다. 그렇게 믿었다.

나는 아들에게 가부장제의 부당함과 남자들의 독선에 대해 의식적인 발언을 했다. 그러자 아들이 말했다.

"그만 하세요. 왜 우리 윗세대가 지은 업보를 우리가 갚아야 해요? 엄마의 인생은 엄마가 선택한 거잖아요. 요즘 여자애들은 조금도 손해 안 봐요. 여자들만 비혼인 줄 아세요? 우리 남자들도 비혼주의 많아요."

나는 다른 말보다 '엄마의 인생은 엄마가 선택한 것'이라는 말에 충격을 받았다. 틀린 말이 아니었다. 나는 거부할 수도 있었다.

글을 쓰는 동안 눈이 내리기 시작했다. 다시 나의 20대를 생각한다. 그때 이태원에서 배회하던 젊은 여자애들은 다 어디로 갔을까? 나는 D를 만나야겠다는 생각을 한다. 생각하면 겨우 일 년간의 만남이었는데 그녀가 내게 미친 영향은 지대했다. 그녀는 선택당한 것이 아니라 선택했으니까. 그녀가 원했던 건 한국을 떠나는 것이었고 결과적으로 성공했다. 더 정확히 말하면, 우리 인생은 처음부터 성공도 실패도 예정되지 않았던 것 같다. 그저 살아냈을 뿐. 그녀도 나도 똑같은 생존자였다.

기억 속의 무쇠 칼

여행을 가면 늘 칼을 샀다. 지방에서 대장간이 보이면 풀무질을 구경하다 무쇠 칼을 샀다. 부다페스트의 뒷골목에서 고른 칼. 장식이 특이한 프라하 좌판의 접이칼. 내가 어디를 여행했는지 칼이 말해주었다. 내가 구입한 칼은 주로 주방용이었다. 멋진 기념품도 많은데 왜 칼이었는지, 나는 내 무의식을 읽어내지 못했다. 정말 이상한 건 칼이 많은데도 칼이 있다는 사실을 잊어버린다는 사실이었다. 서랍 속에 넣는 순간, 칼은 기억의 심연 속으로 사라지는 것이었다.

상처나 결핍의 기억은 평생 영향을 미치는 것 같다. 어떤 명상가는 그런 오래된 감정적 고통의 축적물을 '고통체'라고 불렀다. 기억을 지울 수는 없으나 그 위에 새로운 고통을 추가하는 것은 멈출 수 있다, 그러려면 먼저 내 고통을 깊게 들여다보아야 한다고 말했다. 그에 나는 나의 어떤 행위가 상처에 대한 보상이었다는 것을 뒤늦게 깨닫고, 놀랐다. 내 주방 서랍에 가득한 칼이 나의 '고통체'였다.

서랍을 열고 내가 수집한 칼을 오래 들여다보았다. 수십 자루의 칼이 있는데도 누구에게 나눠준 적이 없었다. 무딘 칼로 야채를 써는 엄마에게도 주지 않았다.

어릴 때 집에 무쇠 칼 한 자루가 있었다. 엄마가 일을 나가 밤늦게 돌아오면 그 칼로 무를 잘랐다. 그 칼은 다용도여서 과수원에서 낙과를 얻어오면 과도가 되었다. 사과를 깎는 것은 내 일이었는데 늘 손을 베었다. 초등학생이었던 내게 칼이 너무 컸다. 칼이 들지 않으면 숫돌에 칼을 갈았다. 날카롭지 않으면서 뭉근하게 갈려 애썼는데 그것도 나의 일이었다.

그 칼은 다용도였다. 아픈 아버지가 엄마를 때릴 때도 무쇠 칼을 들었다. 누구의 피인지 기억은 안 나는데, 아버지는 자해를 했던 것 같다. 그가 세상을 떠난 후 형제들도 단칸방에서 싸움을 했다. 싸움이 나면 작고 왜소한 둘째가 방문 앞의 부엌에 있는 무쇠 칼을 집어 들었다. 공격용이 아니라 자해용이었다.

첫째가 칼을 빼앗고 그를 미친 듯이 때렸는데 단칸

방에 피가 낭자했다. 감자를 썰고 양파도 써는 칼로 싸운다는 게 어린 나이에도 괴로웠다. 어느 하루 또 싸움이 날 것 같아 나는 칼을 들고 밖으로 나갔다. 공포에 질린 둘째가 진짜로 자신을 찌를 것만 같았다.

문 앞의 길가 깻잎 밭에 칼을 숨겼다. 그날 둘째는 흠씬 두들겨 맞다가 달아났다. 나는 혼이 나가서 칼을 찾으러 가는 것을 잊어버렸다. 어두워졌을 때 깻잎 밭에 갔지만, 칼은 사라지고 없었다.

늦게 일을 마치고 돌아온 엄마가 칼을 찾았다. 나는 어리석게도 자초지종을 말했다가 정신을 잃었다. 엄마는 그날 쌓였던 모든 분노를 내게 풀었던 것 같다. 생각하면 엄마의 삶은 고단했고 울분을 표출할 유일한 대상은 딸이었다. 죽은 아버지가 남긴 빚도 상당해서 빚쟁이들이 밤마다 찾아왔다. 그 모든 상황을 역전시켜 줄 희망은 아들이지 딸이 아니었다.

엄마는 나를 때린 게 아니라 운명을 때렸을 것이다. 그렇지 않으면 설명할 길이 없다. 하지만 단지 칼을 잃어버렸다는 이유로 내가 당한 폭력은 평생의 트라우마가 되었다. 동네 아줌마가 말리지 않았다면 나는 그날 죽었을지도 모른다.

정신을 차린 엄마가 다리를 뻗고 울었던 기억이 난다. 다시 칼을 사기까지 나는 옆집에 칼을 빌리러 다녔다. 부엌에서 칼자루 끝으로 마늘을 콩콩 찧던 아줌마 곁에서 도마가 빌 때까지 기다렸다. 아줌마는 귀찮아하다가도 내 얼굴을 보고 한숨을 쉬었다. 솥을 열어, 찌던 밀가루 빵을 먹이기도 했다. 나는 맞을 때면 몸을 애벌레처럼 말았는데 늘 몸에 멍이 들었다. 가끔 그 아줌마가 안티푸라민을 발라주었다. 좋은 사람이었다.

학교에 다니지 못했던 형제들은 비슷한 처지의 동네 또래들과 어울려 다녔다. 사춘기에 접어든 둘째가 어디서 접이칼을 얻어왔다. 여러 모양의 칼날 세 개가 손잡이에 달려서 휘리릭 돌릴 수 있는 것이었다. 골목길 시멘트 담벼락에 표식을 한 나무판자를 매달고 칼을 던졌지만, 매번 어긋났다. 그의 칼은 처음부터 던지거나 찌르는 것이 아닌 장식용 같았다. 고정되지 않아 덜렁거리는 칼은 무쇠 칼보다 못했다. 그는 쓰지도 못하는 칼을 돌리며 동생들에게 으스댔다. 첫째가 집을 나가자 둘째가 집에서 칼을 꺼내는 일은 없어졌다.

새로 산 무쇠 칼도 금방 무디어졌고 계속 숫돌에 갈아야 했다. 종종 분노 조절이 안 되는 엄마가 칼 손잡이로 내 머리통을 때리기도 했다. 나는 가난과 폭력이 지겨웠고 어서 커서 도망가야겠다고 결심했다.

둘째가 영등포 뒷골목에서 매 맞는 걸 봤다는 말이 자주 들렸다. 그가 칼을 들었다고 했지만 나는 그 칼이 자해용이라는 걸 알고 있었다. 그는 작고 왜소해서 자신을 지켜줄 칼이 필요했지만, 누구를 찌를 용기가 없는 사람이었다. 어른이 되어 결혼한 그가 부부싸움을 할 때 칼을 든다고 올케가 울면서 말했다. 주방의 모든 칼은 무쇠가 아닌 스테인리스였지만 그가 손에 들었던 건 기억 속 무쇠 칼이었을 것이다. 그는 무능한 가장이었고 아내도 생활력이 없기는 마찬가지였다. 그도 엄마를 닮아 자신의 운명을 때리고 싶었던가.

나의 경험상 약자의 해방구는 다른 약자였다. 약한 사람은 가장 가까이 있는 더 약한 사람을 때린다는 이야기다. 둘째는 엄마처럼 자식이 있는 여자는 가정을 버리지 못할 것이라 확신했던 것 같다. 그의 생각은 틀렸다. 아내는 엄마가 아니었다. 올케는 어린 자식을 남기고 그의 곁을 떠났다. 말을 더듬던 그는 이제 세상에 없다. 그는 바닷가에서 자살로 생을 마감했다.

그가 무쇠 칼을 집어 들고 가까이 오면 죽어버리겠
다고 악을 쓰던 소리가 남아있다. 세상이 그에게 너무
가까이 다가왔던가. 형들의 싸움을 구석에서 공포에
떨며 바라보던 셋째도 세상을 떠났다.

꿈속에서 나는 자주 어린 시절로 돌아가 매를 맞았
는데, 하루는 깨고 나서도 숨을 쉴 수가 없었다. 나는
빚을 받으러 가듯 차를 몰아 그 밤에 김포 집을 찾았
다. 형제들이 모두 살아있을 때였다. 나는 엄마와 그
들에게 내게 가한 폭력을 따져 물었다. 그들은 모두
어리둥절한 표정을 지었다. 때린 기억이 없다고 잘라
말했다. 나는 가장 아픈 상처였던 무쇠 칼을 말했지
만, 칼은커녕 그 동네도 기억하지 못했다.

문 앞의 깻잎 밭과 칼을 빌려주던 아줌마의 생김새
를 말해도 모르쇠로 일관했다. 우리 집은 무쇠 칼을
잃어버린 적이 없다고 모두 입을 모았다. 피해자는 있
는데 가해자가 모두 사라졌다. 집단으로 기억을 지워
버린 것 같았다. 심지어 나도 내 기억이 맞는지 의심
이 들 지경이었다. 그나마 셋째가 어린 시절 수십 번
의 이사를 한 탓에 어디가 어딘지 기억이 나지 않는
거라고 얼버무렸다.

내가 원했던 건 미안하다는 말 한마디였다. 사과를 받으면 상처가 조금은 희미해질 것 같았다.

내 무의식 속에 모든 칼은 어린 날의 무쇠 칼이었는지 모른다. 세상의 모든 칼을 나는 깻잎 밭에 숨기듯 숨기고 싶었나 보다. 어쩌면 무쇠 칼로 기억되는 가난과 폭력이 세상에서 사라지기를 원했을지도 모른다. 그러니 누구에게도 나눠 줄 생각을 못 하지 않았겠는가. 그렇게 나는 칼을 서랍 속에 꼭꼭 숨기고 있었다.

형제가 모여 살던 김포 집에 나는 칼을 사다준 적이 없었다. 늙은 엄마가 더듬거리며 무딘 칼로 감자와 양파를 썰어 된장을 끓이는데도 칼을 줘야겠다는 생각은 들지 않았다. 생활비는 주어도 칼은 아니었다. 엄마의 이름으로 된 김포 임대주택에 이제 엄마도 형제도 없다. 아직 취직하지 못한 둘째의 자식들이 가끔 들러 잠을 잔다고 했다. 구순이 넘은 엄마는 요양병원에서 섬망 증세를 보인다.

어제는 놀랍게도 엄마가 무쇠 칼이 어딨는지 아느냐고 내게 물었다. 칼을 잃어버린 적이 없다고 말했던 엄마였다. 칼이 없어져서 무를 자를 수 없으니 찾아오라고 짧게 말했다.

나는 서글퍼졌다. 나를 때린 기억만 엄마에게 깨끗이 지워져 있었다. 하긴 나도 칼을 숨겼던 밭이 깻잎밭이라고 말했지만, 사실 채소가 들깻잎인지 상추였는지 확실하지 않다. 밭 주인은 계절에 맞게 야채를 심었고 그때마다 품종이 달랐다. 아마 주인 몰래 나는 깻잎을 훔쳐 땄을 것이고, 상추보다 향이 더 강한 깻잎이 뇌리에 더 남았는지 모른다. 그래서 내 머릿속에서 시간과 공간이 왜곡되었을 수도 있다. 기억이란 원래 그렇지 않은가?

어떤 이는 너무 고통스러워 자신의 상처를 직시할 수 없다고 한다. 상처를 오래 들여다보는 일은 고통스럽다. 빨리 잊는 게 최선이지만 기억은 집요하게 상처를 놓지 않는다. 어느 순간 갑자기 상처가 시간의 물 위로 떠오르면 다시 생생해진다. 오랜 세월이 지났는데 왜 나는 여전히 칼이 없다고 생각하는가.

수백억의 재산을 가진 어떤 부자가 가장 분노하는 순간은 자신의 라면에 누가 젓가락을 들이댈 때라고 했다. 모두 웃었지만 나는 그를 이해했다. 그에겐 한 끼도 먹기 어려웠던 가난한 시절이 있었을 것이다. 굶

주림은 그에게 상처로 남았다. 기부도 후원도 잘하고 씀씀이가 큰 그가 돈이 아닌 음식에 옹졸해지는 것은 상처의 탓이다.

나는 이제 서랍장에 넣을 칼을 사지 않기로 한다. 대신 조카들이 드나드는 김포 집에 가져갈 칼을 고른다. 끝이 날카롭지 않고 적당한 압력으로 고르게 절삭되는 칼을 찾는다. 나는 이제 기억에서 벗어날 수 있을까.

문득 궁금해진다. 그때 내가 숨긴 그 무쇠 칼은 어디로 갔을까?

나의 왼발

19살에 집을 나간 언니는 나와 10살 터울이었다. 그녀는 우리 집에서 유일하게 엄마의 교육 수혜를 입은 자식이었다. 끼니를 거르는 형편이었지만, 엄마는 땡빚을 얻어가며 만딸을 고등학교까지 졸업시켰다.

그 무렵 학업을 마친 자식이 취직해서 동생들을 공부시키는 건 흔한 일이었다. 그러나 엄마의 계산은 보기 좋게 빗나가고 말았다. 언니는 동생들 뒷바라지로 청춘을 낭비할 생각이 추호도 없었다. 대신 그녀가 노린 것은 나이 많고 돈 많은 남자였다. 언니는 부자 남편을 만나 그의 돈으로 친정을 지원할 생각이었던 것 같다.

하지만 결과적으로 언니는 가난에서 가난으로 이사 갔다. 허우대만 멀쩡하고 허풍이 심한 남자를 만나 덜컥 혼전 임신부터 했다. 엄마는 격노했고 그 불똥은 내게 떨어졌다. 엄마의 주장에 따르면 나를 학교에 보내지 않은 이유는 '딸은 쓸모없는 잉여 인간'이기 때문이었다. 만나는 남자에 따라 여자 팔자가 달라지니 그까짓 공부는 아무 의미가 없다고 했다. 언니의 결혼으로 여자 팔자 뒤웅박 팔자라는 엄마의 소신은 더욱 견고해졌다.

나 역시 남자 형제들 뒷바라지에 인생을 바칠 생각은 추호도 없었다. 나는 비뚤어져서 16살에 가출했다.

아버지는 생전에 술을 마시고 엄마를 구타했지만, 형부는 맨정신에도 언니를 때렸다. 어쩌다 언니에게 가면 눈두덩이 파랬는데 얼마나 맞았는지 입을 벌려 부러진 이빨을 보여주었다. 나는 언니가 불쌍하다는 생각은 하지 않았다. 누구도 그녀에게 그 남자와 결혼하라고 채근 대지도 멱살을 잡지도 않았다. 남자는 전지전능한 존재가 아니었다. 그런데도 내 주변의 여자들 인생의 행불행은 남자로 결정되었다.

나는 남자가 필요 없는 삶을 살고 싶었다. 누구에게도 의지하지 않는 경제적 독립이 나의 꿈이었다. 언니는 빈둥거리는 남자와 자식들을 먹어 살렸다. 내가 19살 때 그녀는 행당동 좁은 골목길에서 문방구를 하고 있었다. 집은 월세 점포에 딸린 작은 방이었는데 네

식구가 드러눕기도 힘들었다. 문구류는 외상으로 가져왔고 밥을 먹다 말고 지우개와 공책을 팔았다.

언니는 새벽부터 문방구를 열어 밤늦게 문을 닫았다. 삐쩍 마른 어린 조카들이 언니의 치마를 붙들고 징징거렸다. 직업이 없던 형부는 항상 화난 얼굴이어서 처제인 내가 가도 인상을 썼다.

그때 내가 왜 언니를 찾아갔는지 모르겠다. 형부는 방에서 술을 마시고 있었고 우리는 문방구 앞 골목길 나무판자에 앉아있었다. 햇볕이 뜨거운 한낮이었고 좁은 골목길에 아이들이 소리를 지르며 공을 갖고 놀았다. 우리 앞으로 바람 빠져 후줄근한 공이 굴러왔다. 언니가 떨어진 슬리퍼 발로 툭 공을 내지르던 기억이 난다. 나는 진로를 잘못 선택한 여자에게 내 진로를 상담하고 있었다.

"국군 간호학교에 갈까 해. 거긴 다 공짜래."

자취방의 쌀이 떨어졌다는 말은 꺼내지도 못했다. 언니가 멍한 얼굴로 골목길의 끝을 쳐다보며 중얼거렸다.

"어디에 있든 무엇을 하든 절대로 얻어먹는 인생은 되지 마라."

나는 단번에 쌀 한 톨도 얻기 글렀다는 생각을 했

다. 힘들게 고학할 때도 나는 그녀에게 용돈 한 푼 받은 적이 없었다. 알면서도 거기까지 갔던 것은 갈 곳이 마땅치 않아서였다. 나는 엉뚱하게 내가 부양할 가족 목록에 언니를 끼워 넣을까 말까 망설였다. 하루 앞날도 모르면서 나는 내가 돈을 많이 벌 것이라 믿었다.

누군가 이사하고 있었다. 이삿짐 트럭 때문에 안 그래도 좁은 골목길은 한 사람이 겨우 지나갈 공간만 있었다. 그때 우리는 형부가 부르는 소리를 듣지 못했다. 빨리 대답하지 않는다고 술 취한 그가 방에서 뛰쳐나왔다. 언니는 나보다 더 빨리 달아났다. 그는 언니를 찾아 이 집 저 집 대문을 발길로 찼다. 나는 벽에 붙어서 이삿짐을 싣고 후진하는 트럭이 지나가기를 기다렸다. 잠시 멍청히 있던 내 왼발 위로 통증이 왔다. 차바퀴가 내 왼발을 누르고 있었다. 사람들이 소리를 지르자 트럭은 다시 전진했고 운전기사가 내렸다. 검고 주름이 가득한 얼굴로 울상을 지었다.

"괜찮아요?"

"괜찮습니다."

나는 절룩거리며 형부를 피해 달아났다. 우리를 잡

으러 다니던 형부는 젊은 나이에 일찍 세상을 떠났다.

그때 치료받지 못했던 나의 왼발 발등 위로 뼈가 솟아올랐다. 약국에서 산 파스를 붙이고 다닌 것이 전부였다. 한동안 절룩거리고 다녔다. 가난하면 자신을 함부로 대하게 된다. 현실의 비루함은 세상보다 자신을 먼저 경멸하게 했다. 누군들 잉여 인간이 되고 싶었겠는가. 나의 꿈은 '평범해지는 것'이었다. 군중 속으로 흘러들어 누구의 눈에도 띄지 않고 싶었다. 출발이 다른 이에겐 평범도 요원한 일이다.

나의 왼발은 세월이 흘렀어도 날이 궂으면 어김없이 통증이 찾아왔다. 그때마다 다시 원점으로 돌아가 생각에 잠겼다. 지금 나는 잘못된 선택을 하는 것은 아닌가. 헛된 욕심에 왼발을 들이민 것은 아닌가.

엄마의 말이 틀린 것은 아니었다. 내 친구들도 인생의 승부를 남자에게 걸었다. 공부도 잘하고 재능도 있었지만, 결혼과 함께 꿈을 접는 층은 그나마 다행이었다. 연애 중에 남자의 뒷바라지까지 하는 경우가 최악이었다. 내가 볼 때 투자였지만 친구의 말로는 사랑이었다. 법학을 공부하던 친구는 시험을 포기하고 대신 남자를 지원했다. 생활비와 학원비까지 모두 책임을 졌는데 불안하게 느껴졌다. 교통비까지 아끼는 그녀의 헌신은 옆에서 보기 안쓰러웠다.

고진감래라는 말이 들어맞아 남자는 합격했고 그사이 친구는 아줌마처럼 늙고 후줄근해졌다. 당연히 두 사람은 결혼해야 옳았다. 그러나 남자는 어영부영 소식이 뜸해지다가 이별을 통보했다. 남자를 찾아가 죽어버리겠다고 난리를 쳤지만 소용없는 일이었다. 드라마의 소재로 쓰일 만큼 그 시절엔 드물지 않은 풍경이었다.

친구와 내가 같이 만난 그 남자는 나쁜 사람이 아니었다. 다만 그녀가 독서실에 들고 오는 도시락을 집어던질 용기가 없었을 뿐이었다. 헌신하는 그녀가 부담스러워 몇 번 이별을 통보했는데 여자는 그것을 배려로 착각하더라고 했다. 친구는 자신의 희생을 남자가 미안해한다고 생각했다.

남자에게 여자는 고마운 사람이었다. 한결같은 여자는 스토커에 가까웠고 그에게 한결같음은 사랑이 아니었다. 남자의 성공 여부와 관계없이 오래전 사랑은 달아나고 없었다. 인연이 아니었던 거다.

그녀는 한동안 힘들어했지만, 몇 년 후 다른 남자와

결혼했다. 나는 그녀가 잘못된 선택으로 시간을 허비했다고 생각하지 않는다. 다시는 자신을 함부로 대하지 않는 법을 배웠을 것이다.

나처럼 그녀도 자신의 상처를 깊게 들여다보았을 것이다. 사랑이라고 착각한 욕망에 '왼발'을 들이민 것은 아니었는지. 우리는 그때의 이야기를 하지 않는다.

얼마 전 병원에 갔더니 골절된 발등뼈를 오래 방치해서 그 상태로 굳은 것이라고 의사가 심드렁하게 말했다. 아주 불편하지 않으면 그대로 둬도 되고 수술하는 것도 괜찮다고 했다. 특별히 수술을 강조하시는 않았다. 스트레스성 통증은 약물로 치료하면 된다고 해서 나는 수술하지 않기로 했다. 돈이 없어 수십 년을 방치한 건 아니었다.

'나의 왼발'은 내 삶의 경종이었다. 살면서 숱하게 왼발을 들이밀었고 헛된 희망이나 잘못된 만남에 발을 자주 접질렸다. 실제로 정신적 상처가 내겐 왼발로 나타났다. 발등 위로 솟아오른 뼈가 욱신거리면 최근 내게 무슨 일이 있었는지 돌아본다. 누군가가 나를 함부로 대하거나 내가 나를 하찮게 여긴 적이 있었던가.

고통스러운 감정을 온전히 배출하지 못했을 때 발등의 뼈가 말을 걸었다. 너는 지금 편한 신발을 신고 있느냐고. 높은 구두와 볼이 좁은 신발로 타인의 시선을 의식하는 건 아니냐고. 이제는 편하고 싶다.

'나의 왼발'이었던 나의 형제들도 하나둘 세상을 떠났다. 그토록 나를 힘들게 했던 부양의 의무도 사라졌다. 내 인생의 멱살을 쥐고 흔들던 엄마도 이제 요양병원에 있다. '나의 왼발'은 내가 잘못된 선택을 할 때마다 나보다 먼저 아팠다. 잘 살아온 건 아니지만 크게 나쁘지 않을 수 있었던 건 나의 왼발 덕분이란 생각을 한다. 어떤 현자의 조언보다 내게 즉각적이고 직접적이었다.

누구에게나 상처는 있다. 상처가 고통으로 말을 걸때 귀를 기울여야 한다. 아프다고 다 나쁜 것은 아니다.

하서찬

아버지 덕분에 어머니는 훌륭한 사업가가 되어
많은 이들의 개안 수술을 지원했다.
정어리에 충격받은 K도 대한민국의 모범적인 시민으로
잘 살아가고 있다.
모든 것이 아버지와 정어리 덕분이다.

배추를 안고 온 아빠

초인종이 울린다.

10년 넘게 연락 없던 아빠가 배추를 들고 서 있다.

열지 말지 고민하는 사이 아이들이 현관을 열었다.

아빠는 신발을 벗고 성큼성큼 거실로 들어선다.

세 아이는 처음 보는 할아버지가 안고 온 배추를 구경 중이다. 배춧잎은 선명한 초록색이었다. 내가 배춧잎을 보는 사이 아빠는 세 아이의 얼굴을 차례대로 쓰다듬는다.

나는 잠긴 목소리로 물었다.

"웬 배추예요?"

10년 넘게 보지 못한 아빠에게 물을 것은 그것밖에 없었다.

손주 얼굴을 처음 보는 아빠는 헤벌쭉 웃는다. 아빠의 이는 나이가 무색하게 하얗고 튼튼해 보인다.

"네 애들이냐?"

"……."

"이런. 둘은 아프구나."

아이들은 쥐똥같이 새까만 눈으로 아빠를 꼼꼼히 훑어본다.

아빠는 배추를 보는 내 눈빛을 느끼고 자랑스러운 목소리로 말한다.

"아, 이 배추. 클래식을 들려주고 키운 배추야. 우리 농장에는 소들도 싱싱한 우유를 생산해내지. 행복한 곳이니까 다들 쑥쑥 크고 결과도 좋아. 쟤들도 거기 가면 깨끗이 나을 텐데. 어쩌다 쯧쯧쯧."

아빠는 배추를 나에게 안겼다.

"너한테 줄려고 이 배추를 가져왔어. 제일 통실한 놈이지. 그리고."

아빠는 배낭에서 주섬주섬 김치를 한 통 꺼냈다.

"이것도 먹어봐. 놀랄걸."

김치로 뺨을 때려도 시원찮을 기분이지만 어색하게 김치 한 점을 먹어본다. 머릿속에서 작은 폭죽이 터진다. 놀라운 김치맛이다.

아빠는 의기양양한 표정으로 내 얼굴을 살피더니 흡족하게 웃는다. 맛있지만 목이 잠긴다.

"맛있지?"

나는 아빠의 말에 고개를 끄덕했다. 다행히 몸은 굳지 않았다. 나는 김치를 먹던 젓가락을 내려놓고 아빠에게 물었다.

"왜 온 건가요."

목에서 쇳소리가 난다.

아빠는 20년 전 집안의 모든 돈을 들고 사라졌다. 형제들의 대학 등록금과 생활비였을 그 돈은 그들이 만든 농장에서 배추를 기르고 소젖을 짜고 꿀을 만드는 데 쓰였을 것이다.

나는 아빠가 빠져있는 이단 종교집단을 미행하고, 써지지 않을 기사를 쓰느라 인생을 십 년 넘게 허비했다.

집안을 풍비박산 내고 자식이 죽고 손주들이 여러 명 태어날 때까지 아빠는 호시탐탐 우리의 것을 빼앗아 그들에게 바쳤다.

아빠는 해사한 얼굴로 우리 앞에 홀연히 나타나 '아직도 너희들 살아있니?'라는 표정을 한 뒤 사라졌다. 아빠가 한번 나타나면 집이 사라지거나 인감도장이 사라지거나 서류들이 사라졌다. 그것들은 아빠가 몸담고 있는 그곳에서 다 삼켜버렸다. 아빠는 그곳의 중간자쯤 되어 보였다. 가끔 아빠를 존경한다는 사람들이 집에 와서 우리에게 용돈을 쥐여주곤 했다. 아빠에 겐 그 종교가 먹여 살릴 자식인 셈이다.

막내가 오랜 천식으로 밭은기침을 내뱉는다.

"쯧쯧."

아빠는 혀를 찬다.

"언제부터 이랬니? 병원은 가봤고?"

아빠는 여느 화목한 집에서 가족들을 살뜰히 보살 피는 친정 아빠 흉내를 내고 있었다.

햇살이 비치던 날 마당 한 귀퉁이에 키우던 케일을 갈아서 가족에게 먹이던 아빠가 생각난다. 아빠가 매 일 아침 분무기로 정성스럽게 농약을 뿌리던 케일이 었다. 케일 주스의 색깔은 늪같이 진한 녹색이었다. 마시기 싫었지만, 조용히 한 모금을 삼켰다. 명치부터 아린 느낌이 들기 시작했다. 손끝이 서서히 굳어갔다. 다른 가족도 마찬가지였다.

"이게 무슨 일이야."

나는 소리를 지르는 엄마에게 아빠가 분무기로 농 약을 뿌렸다는 말을 할 수 없었다.

온 가족이 뻣뻣하게 누워있는 모습을 온화한 얼굴 로 지켜보던 아빠의 얼굴이 정신이 잃어가는 와중에 도 또렷했다. 아빠가 나쁜 마음으로 농약을 뿌리지는 않았을 것이다. 아빠는 단지 케일이 튼튼하게 자라길 바라서였을 것이다.

나는 창문으로 들어오는 한 줌의 햇살을 멍하니 바라보다 물었다.

"우리 집은 어떻게 알았어요?"

햇살은 정사각형에서 직사각형으로 변하더니 동그란 한 점 빛만 남기고 있었다.

아빠는 말없이 또 배낭을 뒤적인다. 꿀 한 통이 나온다.

"내가 양봉도 하지."

대화가 이어지지 않는다. 아빠의 배낭 안에서는 도라에몽 주머니처럼 끊임없이 무언가가 나왔다. 70대인 아빠의 얼굴에는 주름이 거의 없었다. 아빠는 나이를 거꾸로 먹는 것 같았다. 깨끗한 피부에 붉은 잇몸이 흡혈귀처럼 서늘했다.

아빠는 나쁜 것은 절대 입에 대지 않는다고 했다. 나는 문득 물었다.

"왜 오셨어요?"

"널 데려가기 위해서 왔다."

아빠의 대답을 듣자 웃음이 났다.

좋은 가문에서 태어난 당신은 왜 우리를 시궁창에

처박았을까. 명망은 있으나 악마 같던 당신의 형제들 때문인가. 부모 때문인가. 묻고 싶었지만 묻지 않았다. 부질없는 질문이다. 나는 아빠의 말이 끝나자마자 대꾸했다.

"저 한국 떠나려고요."

나는 창문으로 비치는 햇살에 손을 갖다 댔다. 손을 대자 남은 햇살 한 점이 차갑게 사라졌다.

"이런. 쯧쯧. 그럼 아르헨티나는 어떠니? 거기에 우리 농장이 있어. 아빠는 그곳에서 4년을 지냈다. 아몬드 농장을 했지. 아빠가 팀장이었다. 꽤 높은 직위었지. 독일팀에서 우리 아몬드를 사러 오면 내가 기막히게 흥정을 했다. 우리 아몬드는 기름지고 통통하지."

아빠는 삐쩍 마른 막내의 등을 탁탁 쳤다. 막내가 푸른 가래를 뱉어냈다. 막내의 천식이 뚝 멈췄다.

나는 고개를 저었다.

"아니요. 저희는 대서양에 있는 정어리 통조림 공장으로 갈 거예요."

아빠는 얼굴을 찌푸렸다.

"생선은 비린내 난다. 우리는 살생은 안 한다."

'괜찮아요. 여기서의 삶이 정어리 공장보다 낫다고는 못하겠어요.'

나는 아빠가 나타났다는 소리를 엄마에게 듣고 한 달 전 찾아갔던 이주공사가 떠올랐다. 수임료는 4천만 원이었다. 나는 집에 와서 이주공사가 주는 서류를 쓰레기통에 처박았다.

한국을 떠나고 싶지 않지만, 아빠를 보지 않을 수 있다면 정어리 공장이 아니라 더한 것도 할 수 있을 것 같았다. 남편이 원한 곳이지만 나도 떠나야겠다는 생각이 들었다.

나는 쓰레기통에 처박힌 서류를 다시 꺼내 책장에 꽂았다. 4천만 원을 마련해봐야겠다.

아빠는 차 한잔을 마시자며 가방 속에서 다도 세트를 꺼냈다. 다기에는 푸른 난초가 새겨있었다. 아빠는 천천히 다기에 차를 따랐다. 나는 내 앞의 찻잔이 식을 때까지 손도 대지 않았다. 기억이 떠오르자 찻잎이 의심스러웠다.

"삶은 말이다."

아빠가 차를 한 모금 마시고 말을 시작하자 구역질이 났다. 나는 화장실로 뛰어갔다. 아이들이 어미 쥐를 따라다니는 새끼 쥐들처럼 졸졸 쫓아왔다. 아빠는 밖에서 내가 토하는 소리를 다 듣고 있었다. 나와보니 다도 세트는 어느새 아빠의 배낭에 들어간 뒤였다.

"너는 아직 준비가 덜 된 것 같구나. 이만 가봐야겠다."

아빠는 아이들을 하나하나 쓰다듬으며 말했다. 나는 입을 헹구고 나왔다. 아빠는 어느새 갈 채비를 다 마치고 낡은 등산화끈을 매고 있었다. 아빠의 등산화와 배낭은 몹시 낡았다. 그 많은 돈은 다 어디로 간 걸까.

"곧 다시 오마."

십 년 전 사라질 때도 아빠는 돈과 서류가 든 가방을 메고 저 말을 했었다. 그때는 가방 안에 무엇이 들어있는지 알지 못했다. 가족들의 모든 것을 메고 갔을 줄은 아무도 몰랐다. 나는 입을 소매로 훔치며 아빠에게 물었다.

"납골당에는 가봤어요?"

"응?"

"오빠 납골당요."

"가봐야지."

"꼭 가보세요."

"그래. 건강하고."

"네."

나는 아빠를 배웅하지 않았다. 철문이 닫히는 소리

가 났다.

아빠는 십 년 뒤에 뭘 가지고 나타날까. 아빠는 새벽 5시에 일어나서 2시간 동안 운동을 하고 생식을 하고 명상을 한다. 해가 떴을 때는 노동을 하며 볕을 쬔다고 말했다. 아빠는 현대인들의 생체리듬이 다 깨졌다고 했다. 그곳에서 아빠는 하나도 외롭지 않다고 했다.

아빠는 고질적인 질병이 단 하나도 없었다. 아빠는 추적 검사만 여러 개인 나보다 훨씬 오래 건강하게 살 것이다. 80세가 넘어도 허리가 꼿꼿하고 안색은 나보다 맑을 것이다. 거실 창문으로 내 굽은 등과 솟은 어깨가 어린다. 정말 그곳에 가면 모든 게 해결될 것 같다는 생각도 든다. 어쩌면 아빠만 구원받고 나는 지옥에 떨어지는 것이 아닐까. 나는 아득한 심정으로 멀어져가는 아빠의 낡고 커다란 배낭을 바라봤다.

어느새 내 옆에 온 아이가 물었다.

"누구였어? 정말 우리 할아버지야?"

나는 대답 없이 동그란 아이의 머리통을 쓰다듬었다. 햇살에 달궈진 아이의 머리통은 따뜻했다. 천식이 멈춘 아이의 폐에서는 천명음이 사라졌다. 아이의 따뜻한 머리통을 만지자 지나간 상처들이 조금씩 지워졌다. 나는 창문 너머로 아빠를 바라봤다. 아빠는 성큼성큼 어디론가 걸어가고 있었다.

정어리 통조림 공장에 간 K

새벽 3시에 전화가 온다. 발신자를 보니 남편 K의 국제전화다.

K가 소리친다.

"곰이 나타났어."

나는 잠이 덜 깬 목소리로 되물었다.

"곰?"

"그래. 커다랗고 시커먼 곰 말이야. 스미스도 전화를 안 받아."

"……."

"곰이 뒷마당에서 어슬렁거린다고."

"여기 몇 시인지 알아? 후추 스프레이라도 뿌려봐."

나는 심드렁하게 말했다. K가 다시 소리친다.

"후추 스프레이를 뿌릴 만큼 가까이 있었으면 이미 잡아먹혔겠지."

"……."

"일어나라고!"

K의 목청에 졸린 눈이 다시 떠진다. 나는 잠긴 목소리로 물었다.

"스미스는?"

"스미스는 자나 봐."

나는 짜증이 잔뜩 묻은 목소리로 말했다.

"K야. 거기랑 여기 시차가 16시간이야."

"……."

"문 잘 잠그고 자."

나는 K의 답을 듣지 않고 전화를 끊었다. 나에게 커다랗고 시커먼 것은 곰이 아니라 빚이다. K가 영혼까지 끌어서 산 아파트 이자는 한 달에 300만 원이었다.

주위의 아파트가 다 올라도 우리 아파트는 요지부동이었다. 다급해진 K는 비트코인과 주식에도 손을 댔다. 미수금을 끌어 썼고 결과는 처참했다.

거지는 벼락처럼 온다. 벼락거지. 누가 지었는지 참 잘 지은 단어다. 많은 실패를 겪었지만, 벼락거지처럼 생존을 위협하는 실패는 없었다.

K의 주위에는 몇 년 동안 부동산으로 벼락부자가 된 사람들이 많았다. 그들을 보던 K의 정신은 조금씩 무너졌다.

"한국을 떠나고 싶어."

해사했던 그는 뭉쳐진 진흙 같은 얼굴에 우울한 눈빛을 하고 말했다.

K가 저렇게 못생겼던가. 분명 잘생겼었는데 하며 나는 고개를 갸우뚱했다.

K는 내 옆에서 끊임없이 한국을 떠나고 싶다고 했다. K는 재테크에 성공한 사람들을 만나고 들어오면 명치가 아프다고 밤새 끙끙 앓았다.

K의 주위에는 비트코인으로 집을 날린 사람도, 주식으로 패가망신한 사람도 없었다. 제일 친한 친구 상엽도 노른자 땅에 '꼬빌(꼬마빌딩)'을 가진 부자가 되어있었다.

"실패했어. 나는……."

K는 텅 빈 눈으로 우울하게 말했다.

20대의 K는 의로운 일에 나서서 1인 시위를 하고 버는 돈의 4분의 1은 늘 기부했다.

K는 후원하던 아이들의 크리스마스 편지를 차곡차곡 쌓아두고 자주 읽었다. 읽을 때마다 감동으로 코를 훌쩍였던 20대의 K는 40대가 되자 10년 후원의 상패만 빼고 편지를 모두 재활용장에 버렸다. 집이 좁아서 둘 곳도 없었다.

날렵했던 그의 배는 뒤룩뒤룩 살이 쪘다. 코인 채굴을 한다고 컴퓨터 앞에서 질 나쁜 음식만 먹은 결과였다.

작업실은커녕 온갖 장난감이 뒤엉켜있는 좁은 집에서 글을 쓰느라 나도 기진맥진이었다. 영감이 떠오르다가도 굴러다니는 레고를 밟으면 다 사라졌다. 창작의 막막함을 말하는 라이터스 블록(Writer's block), 나는 말 그대로 레고 블록을 밟으며 쌍욕을 내뱉었다. 나는 욱신거리는 발을 잡고 K에게 소리 질렀다.

"거기라고 다를 것 같아? 뭐니뭐니해도 내 땅이 최고야. 셋방살이도 힘든데 남의 나라에 세들어 살면 퍽이나 잘 살겠다. 자연 같은 소리하네. 록키 쳐다볼 시간도 없이 일해야 할 거다."

K는 떼쓰는 아이처럼 눈을 감고 도리질만 쳤다. 원석같이 빛나던 그는 세공도 하기 전에 진흙투성이 돌멩이로 변해 있었다.

K는 가만히 나를 쳐다봤다. 염소 눈도 저것보단 총명하겠다 싶은 눈이었다.

나는 결국 지고 말았다.

"알았어. 대신 나는 안 돼. 알지? 나라도 일해야 되잖아. 안 그래?"

"응."

K는 크게 고개를 끄덕였다.

나는 흐릿한 K의 눈빛을 생각하다가 이주공사에 전화를 돌려 상담을 잡았다.

내가 화를 내면 K의 복통이 시작된다. 의료대란 때문에 응급실 앞에서 10시간을 버티다가 들어온 뒤로는 화도 마음껏 내지 못한다. 쌓인 화 때문에 속이 부글부글해서 병이 나게 생겼다. 그래. 차라리 가라. 가.

이주공사는 무수히 많았다. 나는 한마음, 하나, 머피, 온누리, 리갈, 온주 중 온주를 선택해서 전화를 걸었다. 상담은 바로 잡혔다. 이주공사 사무실로 들어서자 정면에 커다란 액자가 걸려있었다. 캐나다 시민권이 들어있는 액자였다. 캐나다 시민권자가 왜 여기서 이주공사를 하고 있을까.

여자는 볼펜으로 탁자를 딱딱딱 세 번 쳤다. 나는 눈을 크게 뜨고 집중하려고 애썼다.

"지금으로서 가장 현실적인 것은 정어리 통조림 공장이에요."

K의 보드라운 손이 떠올랐다. 공부만 하던 인간이 정어리를 만질 수 있을까.

여자는 계속 말을 이었다.

"어촌 마을에 사람이 많이 부족해요. 남편분이 가신다고 약속만 하시면 여기서 영주권을 받고 나갈 수 있어요."

귀가 솔깃했다. 여자는 의기양양하게 말했다.

"정어리 통조림 공장은 인격적이에요."

인격적인 정어리 통조림 공장이라…… 정어리가 인격적이다는 말처럼 이질적으로 들렸다.

"북미 사람들 알죠? 굉장히 유쾌한 거. 여기서 가방 끈 기셔서 좀 아쉽겠지만 충분히 잘 지낼 수 있을 거예요. 이력서에 박사는 삭제하고 갖고 오세요. 박사와 정어리라. 이상하잖아요."

"수임료가 얼마죠?"

"4천만 원이에요."

"예?"

K가 정어리 통조림 공장에서 일을 잘할 수 있을지도 미지수인데 4천만 원을 내야 한다니.

"영주권이 4천만 원이면 싼 거 아닐까요? 투자이민도 거의 닫혔어요. 미국은 이제 10억이에요."

여자는 여유만만하게 웃으며 말했다.

나는 집에 와서 이주공사 서류를 K 앞에 늘어놨다.

K는 나무늘보처럼 느릿느릿 내 앞에 앉았다. 스치

는 살갗이 파충류처럼 차가웠다. 이미 죽은 K를 붙잡고 사는 기분이었다.

"정어리 만질 수 있겠어?"

내 말에 K는 대답 없이 점퍼를 입고 나갔다.

"어디 가?"

현관문이 닫혔다.

밖에서 들어온 K의 손에는 고등어가 5마리 들려있었다.

K는 도마에서 고등어 5마리를 참수하더니 말했다.

"정어리. 나 할 수 있을 것 같아."

K는 오랜만에 생기있는 목소리로 말했다.

K는 피가 흥건한 도마를 씻고 고등어 머리들을 비닐에 쓸어 담았다. 흡사 연쇄살인범이 살인 현장을 처리하듯 뒤처리도 깔끔했다.

살리고 싶은 이력이 있을 때마다 여자의 말을 되새기며 삭제했다. K의 10년 노력이 뭉텅이로 사라졌다. 나는 여자의 말대로 K의 이력을 반 숨긴 서류를 제출했다.

한국에서 공부했던 모든 것이 무용지물이 되는 순간이었다.

"이럴려고 코피 터지게 주경야독했었나."

K는 허탈하게 말했다. 이력서를 내자 여자는 칼칼한 목소리로 주의사항을 얘기했다.

"영주권 따고 다른 주로 먹튀하는 분들이 있어요. 저희가 곤란해져요."

"네."

어느 날 집에 오니 정어리 통조림이 열 개 넘게 도착해 있었다.

K는 통조림을 하나씩 따서 맛보고 있었다. 나는 비에 젖은 옷을 벗으며 퉁명스럽게 말했다.

"정신 차려. 연구하러 가는 게 아니잖아. 그냥 정어리 대가리 자르고 통조림 만드는 곳이라고."

K은 정어리학과에 교환교수라도 가는 폼이었다.

'저 먹물을 빼야지 적응을 할 텐데.'

불안감이 안개처럼 눈앞을 뒤덮었다.

나는 K에게 4천만 원을 입금하기 전에 언제든 엎을 수 있으니 빨리 말하라고 했다.

"입금된 뒤에 못 하겠다고 하면 네가 통조림 되는 거야."

나는 손을 목에다 대고 긋는 시늉을 했다.

K는 희망찬 얼굴로 배시시 웃으며 말했다.

"안 그래. 내가 가서 영주권 받고 아이들을 데려갈

게. 여보는 가끔 오면 되겠다. 내가 목조 주택도 하나 사놓을게."

K의 말을 믿지 않았지만, 고개를 끄덕였다.

K는 운동을 시작했다. 날렵했던 몸이 돌아오고 있었다.

나는 23킬로그램짜리 이민가방 두 개를 꾸렸다. 김치, 된장, 고추장은 선편으로 보냈다. 한 달 넘게 걸리니 그사이에 그것들이 터지거나 곰팡이가 생기지 않길 바랄 뿐이었다. 나는 습기제거제 실리카 겔을 100개 주문해서 꼼꼼히 넣었다.

K는 우여곡절 끝에 출국했다.

K를 보내고 여느 날처럼 자동차 회사에 출근했다. 나는 그곳에서 회사의 역사를 쓰는 임시직으로 근무하고 있었다. 회장은 어제 스위스 융프라우에서 스키를 타고 와서 피곤하다고 했다. 회장의 시계는 이주공사의 수임료보다 비싸 보였다. 인터뷰를 하고 출장을 다니고 밤에는 졸음을 이겨가며 글을 쓰고 아이들을 돌보고 있는데 한 통의 전화가 걸려왔다. K였다.

"여보 영주권이고 뭐고 못하겠어. 나 들어갈래."

이런 젠장.

겨우 욕을 삼키고 K에게 물었다.

"아. 왜 또!"

"여기 한인 마트도 없고 캐나다도 아냐. 인디아야. 인종차별적인 발언 좀 해도 될까."

"아니, 하지 마."

"알았어. 여튼 동양 남자는 여기서 개만도 못한 대우를 받는 것 같아."

"인디아면 어떻고 차이나면 어떻니. 다 지구인이라고. 거기가 대도시도 아닌데 뭐가 인디아야. 구라 좀 치지 마."

K는 내가 모른다고 아무 말이나 지껄였다. 내가 인구통계를 모른다고 생각하는 것이 분명했다. K는 사소한 거짓말도 잘하는 중년이 되어있었다. 영어가 능숙하고 IT 업계에서 유리한 인도인들이 대서양까지 굳이 갈 필요가 있을까. 그들은 대부분 대도시에서 캐시잡이나 IT 업종에서 자리 잡고 있다는 것이 내가 아는 정보였다. K의 말이 어디까지 진실이고 거짓인지 알 수 없었다.

"지금 들어오면 영주권 박탈이야."

나는 마지막 카드를 꺼내 들었다. 내 협박에 K도 버럭 소리를 질렀다.

"안 받는다고!"

안 받는 게 아니라 못 받는 거겠지. K의 전투력을 보니 우울증은 치료된 것 같았다. 비싼 치료비다. 서로의 거짓말에 신경이 팽팽해진다. 결국 내가 우려했던 말이 터져 나왔다.

"내가 이런 곳에 있을 사람이 아니잖아."

나에게 K의 풀죽은 목소리는 아킬레스건이었다. 불안한 안개가 실체를 드러낸다. 나는 달래는 목소리로 응수했다.

"야! 된장 고추장도 아직 도착 전이야. 된장 고추장보다 네가 빨리 오면 어떡하냐!"

"몰라. 나는 들어갈래. 스미스도 남 같아."

K도 물러서지 않았다.

"스미스? 스미스는 누구야?"

"여기서 친구가 되었는데 결정적일 때 벽이 느껴져. 유리벽 같은 게 말야."

'네가 지금 구글 취직했니? 무슨 유리벽이야. 그냥 정어리 대가리만 자르면 되지. 뭔 또 친구를 사귀었대.'

나는 속말은 삼킨 뒤 어금니를 꽉 물고 말했다.

"스미스도 사귀고 팔자 좋네. 나는 몇 년째 친구 한번 만나기도 힘들어. 친구들은 내가 죽은 줄 알아."

"······통조림 속 정어리가 된 것 같아. 살점이 다 발라 먹힌 생선 대가리 같아."

K는 연극배우 같은 대사를 외치고 있었다.

빌어먹을.

내 인생 룰렛은 빨강을 걸면 검정만 나오는 거지 같은 판이다. 처음부터 전부 제로에 걸고 제로가 나와 판을 두 배로 먹어버리는 일은 죽을 때까지 없을 것이다.

나는 몇 배로 판을 먹어버린 친구 미영에게 전화를 걸었다. 미영은 부동산으로만 몇 년간 20억을 번 친구였다.

"미영아. 미안한데 이주공사비용 3천만 원 갚는 거 내년으로 미뤄도 될까."

"천천히 갚아. 내 빽 하나 값도 안 되잖아."

재수 없는 소리를 달고 사는 미영이지만 은혜를 입었으니 어떻게든 갚아야 한다.

폰 너머 미영은 깔깔 웃으며 말했다.

"원래 곳간에서 인심 나잖아."

나는 보이지도 않는 미영에게 고개를 숙였다.

나는 이주공사에 전화를 걸었다. 이주공사 여자는 괜찮겠냐며 말을 이었다.

"저희한테 주신 돈은 못 돌려드려요. 영주권은 박탈되시는 거구요."

나는 힘없이 대답했다.

"네. 알아요."

여자는 잠시 말이 없더니 결국 아무 말도 하지 않고 끊었다. K의 문자가 와 있었다.

"싱가포르 경유로 했어. 마리나베이 좀 들렀다 갈게."

나는 속이 뒤집힐 지경이었지만 알았다고 했다.

K의 우울증 치료비라고 생각해도 많은 돈이 빚으로 남았다. 나는 전세금을 빼서 급한 돈을 해결하고 시골로 이사했다. 모든 것을 포기하자 마음이 홀가분해졌다.

새로운 집에서는 블록이 없는 내 공간을 가질 수 있을지도 모르겠다.

둘째가 우리 망한 거냐고 묻자 첫째가 둘째를 꼬집었다. 둘째는 영문도 모른 채 고개를 끄덕였다. 막내는 반려견이 뛰어다닐 공간이 있다는 말에 싱글벙글이었다. 개도 영문을 모른 채 고개만 갸우뚱거렸다.

나는 씨앗을 사고 음식물을 거름으로 만드는 발효기를 샀다.

가끔 K는 스미스와 통화한다. 스미스는 어쩌면 K를 진짜 친구라고 생각했을지도 모른다. K도 멋쩍게 말했다.

"나중에 돈이 좀 생기면 스미스를 보러 갔다 올게."

"그래. 상상 속 친구가 아니라면 죽기 전에 스미스 한번 못 보겠니."

나는 무슨 씨앗인지도 모르는 씨앗을 심으며 말했다. 햇살과 바람이 따뜻하게 머리칼을 스친다. 거지 같은 해방감이 느껴져 나도 모르게 피식 웃음이 났다.

홀로 영광

몇 년 만에 연락이 온 너는 형제의 장례식장에 너를 태우고 가라고 했다. 너는 장례식장에서 입지 말아야 할 피같이 붉은 코트를 입고 나를 기다리고 있었다. 나는 너를 태우고 묵묵히 운전만 했다. 장례식장에 도착하자 사람들은 너의 붉은 코트를 흘깃거리며 쳐다봤다. 아이라인을 눈 옆으로 길게 뺀 너의 눈은 중국 경극 배우 같았다. 엄마는 슬픔이 가득한 얼굴로 너의 붉은 코트를 강제로 벗겨서 검은 비닐에 넣었다. 엄마는 원망스럽게 말했다.

"저 미친년을 왜 데리고 왔어. 병원에나 데려갈 것이지."

엄마는 바닥에 죽은 듯이 엎드려 다시 통곡했다.

너는 알 수 없는 소리를 지르며 장례식장을 뛰쳐나갔다.

가끔 길거리를 걷다가 비누 냄새를 풍기며 목욕탕

에서 나오는 자매들이나, 시시껄렁한 이야기를 나누며 깔깔 웃는 형제들을 보면 네가 생각났다.

너는 형제가 죽고 49재가 지난 어느 날 밤 날 찾아왔다. 너는 나에게 네모나고 큰 보따리를 안겼다.

"나는 사라질 거야. 찾지 마. 선물이야."

맥락 없는 너의 말을 듣고 나는 고개를 끄덕였다. 어쩔 방법이 없었다.

네가 준 검은 가방에는 전자 키보드가 있었다. 어릴 때 피아노 학원을 석 달 다닌 적이 있었다. 돈이 없어 그만둔 피아노 학원이 아쉬워 스케치북에 건반을 그려놓고 치곤 했다. 너는 그게 떠올랐을까. 궁금했지만 너의 연락처는 바뀐 지 오래였다.

나는 힘들 때면 전자 키보드를 하나씩 눌렀다. 석 달 배운 피아노는 아무 쓸모가 없었다. 나는 매일 먼지가 쌓인 건반을 닦았다. 그사이 배 속의 아이가 죽고 또 태어났다. 일자리를 구했다가 그만두기도 했다.

엄마는 네가 외국에서 떠돌고 있다고 했다. 몇 년이 흐른 뒤에는 정신병원에 감금되어 있다고 했다. 어딘지 물어도 대답하지 않았다. 아빠도, 너도 찾을 수 없었다. 어느 날 엄마는 너를 잊으라고 했다. 결혼해서 잘살고 있다고 했다. 사실인지 엄마의 환상인지 알 수 없었다.

어느 날 전자 키보드의 먼지를 닦다가 충동적으로 당근마켓에 올렸다.

멀쩡한 전자 키보드를 2만 원에 올리자 1분 만에 10명이 몰려들었다.

나는 네모나고 커다란 가방에 전자 키보드를 넣고 밖으로 나섰다.

신경질적으로 생긴 30대 남자는 고장 난 게 아니냐고 재차 물었다. 나는 받았던 2만 원을 쥐버렸다.

전자 키보드가 사라지자 네가 더더욱 기억에서 희미해졌다.

15년이 흐른 어느 날 발톱을 깎으려고 깔아놓은 잡지 속에서 네가 화가가 되었다는 것을 알게 되었다.

너랑 헤어진 뒤 처음 5년은 그립다가 10년이 지나자 덤덤해졌다. 죽은 형제도, 떠난 너도, 죽은 아이도 시간이 흐르자 희미해졌다. 나는 잡지 속의 너를 보고도 놀라지 않았다.

한집에 살았던 우리의 기억이 아득해졌다.

네가 죽으면 내가 슬플까.

내가 죽으면 네가 슬플까.

아니지. 우리는 서로의 죽음조차 모를 것이다.

네가 없는 동안 치매에 걸린 할머니는 돌아가셨고

아버지는 귀를 잃었고

어머니는 다리를 잃었다.

어머니는 경조사에서 만난 친척들에게 네가 먼 남극에 있다고 했다.

남극이라니. 그걸 믿을 사람이 누가 있겠니.

아버지는 여전히 사이비 종교에 빠져있고 나는 가난하고 질 나쁜 음식을 먹고 산다. 지금도 산패된 기름으로 튀긴 튀김 따위를 먹고 있다. 어머니는 여전히 가엾고 포악하다. 네가 이 모습을 다 지켜봤더라면 가족에게 연민을 느낄까. 증오를 느낄까. 정답은 알 수 없다. 어느 날 어머니는 너와 결혼한 남자의 이름을 알게 되었다고 했다. 연주자였다. 어머니는 공연에 가지 않겠다고 했다.

나는 일 년에 한 번 너와 결혼한 남자의 공연에 간다. 혹시라도 먼발치에서 네 모습을 볼 수 있을까 기웃거리지만 볼 수 없다.

그는 뉴욕과 한국을 오가는 세계적인 오르간 연주자였다. 팸플릿에는 '홀로 영광'이라는 글자가 크게 찍혀있었다. 그가 연주하는 곡들은 전부 처음 듣는 곡이었다. 바흐의 선율은 자장가로 안성맞춤이었다. 나는 주급을 몽땅 털어 산 티켓임에도 새벽 출근으로 피곤해진 눈꺼풀을 버티지 못하고 자다 깨기를 반복했다. 깨면 잦은 기침으로 공연을 방해할까 봐 입을 틀어막다가 지쳐서 다시 잠이 들었다.

꿈결에서 너의 현 남편일지 전 남편일지 모를 그가 연주하는 바흐의 곡들을 들으며 쥐가 들끓던 우리의 작은집을 떠올렸다. 버짐이 잔뜩 핀 머리통을 벅벅 긁던 우리가 생각난다. 돈을 훔쳐 달아나던 아빠. 죽은 형제의 몸에 생긴 시반들. 예고 없이 나를 때리던 너의 손. 한쪽이 안 들리는 내 귀. 나는 여전히 그 시간에 갇혀있다.

너는 가족에 대해 뭐라고 말할까. 불의의 사고로 다 죽었다고 말할까.

아니면 너도 우리가 남극에 가 있다고 할까.

너는 잡지 속에서 화려했다.

닳아서 반들반들한 츄리닝을 입고 날 때리던 너는 어디서도 볼 수 없었다. 엄마는 너의 정신이 아프니까 모두 이해하라고 했다.

사진 속의 너는 이제 건강해 보인다. 너는 목에 건 다이아만큼 환하게 웃고 있었다.

넌 정신이 돌아오면 미안하다고 말한 뒤 꼭 안아주

었다. 서늘하던 네 품이 기억난다. 그럴 때는 세상을 다 가진 기분이었다.

너는 그의 공연이 끝나면 무대 뒤에서 기다리고 있을까. 무대 뒤에 가면 너를 볼 수 있을까.

공연이 끝났다. 그는 기립박수를 받는다. 앙코르는 받지 않는다. 그는 중세 시대의 귀족 역할을 맡은 배우처럼 도도하다.

무대의 휘장이 치워지고 사람들은 객석을 떠난다. 직원들은 멍하니 앉아있는 날 일으켜 세운다. 직원들은 날 보며 인상을 찌푸린다. 내 몸의 악취를 느낀 걸까.

사람들이 그에게 사인을 받으러 몰려갈 때 나는 외투의 보풀을 뜯으며 그를 바라본다. 그의 정수리밖에 보이지 않는다. 그에게 달려가서 너의 안부를 묻고 싶은 충동을 억누른다.

공연장 밖에는 비가 내린다. 서둘러 버스를 타고 집으로 향했다. 연주를 듣느라 아픈 아이의 저녁도 챙기지 못했다.

사방이 막힌 북향집의 낡은 현관을 삐걱거리며 열자 축축한 곰팡이 냄새가 난다. 인기척에 온갖 벌레들이 사라진다. 반은 잠들어있었지만, 공연을 듣고 온

귀는 예민하다. 벌레들이 사라지는 소리가 귓가에 유독 크게 들린다.

아이의 기침 소리가 불길하게 들려온다. 아이도 너처럼 기침을 자주 한다. 아이는 눕지도 앉지도 못한 상태로 목을 움켜쥐고 있었다.

공단 옆에서 몇 년을 살았던 아이는 천식 판정을 받았다. 아이는 풍선도 제대로 못 불고 바람개비도 돌리지 못한다. 아이의 눈 밑은 청색증으로 늘 푸르스름했다. 아이는 날이 갈수록 호흡이 얕아지고 있다. 마스크를 오래 낀 날은 눈 밑이 푸르다 못해 검게 변한다. 아이를 간호하면서 기침이 잦던 너를 떠올린다.

아이의 호흡이 멈춰간다. 네블라이저도 소용이 없어 응급실로 향한다. 자주 있는 일이다.

병원에 도착한 아이는 산소 호흡기를 착용한다. 아이의 호흡기에 고용량 스테로이드가 시간마다 들어간다.

너는 지금쯤 공연을 마친 그와 와인을 마시고 있을까. 어떤 와인과 치즈를 먹을까. 내가 아는 치즈는 '아이 첫 치즈'뿐이다. 나의 빈약한 상상력에 와인을 마시던 너의 모습이 사라진다.

나는 응급실로 실려 오는 아비규환의 사람들을 멍

하니 바라본다.

오랫동안 제대로 된 수면을 하지 못한 나의 뇌는 말라붙은 행주같이 쓸모가 없다. 아이를 위로해줄 말도 스스로를 위로할 말도 떠오르지 않는다.

의사는 아이의 폐 소리가 안 좋아진 지 오래되었다고 한다. 눈 밑이 거무스름한 의사는 한번 망가진 폐는 돌아오지 않는다고 말한다.

너의 폐는 어때? 좋은 환경이니 많이 나아졌겠지.

"다시는 구질구질한 여기로 돌아오지 않을 거야. 다 잊고 살 거야."

네 목소리가 귓가에 들리는 것 같다.

꼽등이가 기어다니는 지하 방에서 나와야 아이의 천식은 나을 거다. 질 나쁜 음식도 끊어야겠지. 너는 숨이 쉬어지니? 나는 가끔 숨이 쉬어지지 않아 명치를 때려 숨을 쉰다.

나는 아이의 호흡이 돌아온 뒤 아이를 업고 집으로 들어온다. 내일은 아픈 또 다른 아이를 데리고 병원에 가야 한다.

나는 바흐의 오르간 연주를 틀어놓는다. 작은 등을 켜놓자 그 공간만큼은 아늑하다. 아이가 잠이 들자 또 잠이 온다.

꿈결에 어린 시절 우리를 괴롭히던 동네 아이들과 같이 싸우던 기억이 난다. 아이들과의 싸움에 이겨서 의기양양하게 하드를 사 먹던 기억들. 노래를 틀어놓고 춤을 추던 기억들. 구멍 난 옷을 입고 쥐들이 들락거리는 집에 살면서도 웃었던 적이 많았다. 깨지고 조각난 기억들이어도 마음이 따뜻해진다.

죽기 전에 너를 볼 수 있을까. 내가 사는 모습을 보면 너는 더욱 멀리 도망가겠지. 똑같은 상처를 두 번 입을 자신은 없다.

아이의 폐 소리를 들어본다. 아이는 깊게 잠이 들었다. 아이의 창백한 입술에 입을 맞추고 끌어안는다. 아이의 머리에서 포르말린 냄새가 난다. 아이의 숨소리에는 치유력이 있어 너에 대한 슬픔이 조금 사라진다. 나는 네가 홀로 영광된 자리에 계속 있기를 속으로 빌었다. 내년에는 아픈 아이를 두고 공연을 보러 가지 않을 것이다.

김정배

못하는 것도 실력입니다.
완벽하지 않아도 괜찮습니다.
그 힘으로 더 적게 실수하고 더 잘 실패하기!

내 이름은 'Hz'입니다

기타에 미쳐있던 때가 있었다. 중학교 1학년쯤이었을
거다. 기타를 배울 수 있는 곳이라면 어디든 찾아갔
다. 그런데 우리 학교에 '기타의 신'이라는 선배가 있
다는 소문이 돌았다. 고민할 이유가 없었다. 무작정
선배를 찾아가 목적을 밝혔다. 선배는 3학년이었다.
간단히 통성명을 나눈 뒤 말했다. 진짜 기타의 신은
자기가 아니라고. 나는 그게 누구냐고 겁 없이 다그쳤
다. 선배는 오늘 오후에 그 신을 만나러 갈 예정이니
따라오겠느냐고 했다.

토요일 오전 수업을 마치고, 교문 앞에서 선배와 만
났다. 학교를 벗어나 한참을 걸었다. 걷고 또 걸어 도
착한 곳은 작은 시골교회였다. 한눈에 봐도 개척교회
였다. 선배는 기타의 신이 조금 있으면 올 거라고 했
다. 나는 묘한 불안감과 설렘 사이를 오가며 기다렸

다. 얼마 후, 교회 문이 열렸다. 기타 가방을 멘 남자가 들어섰다. 그의 모습은 낯설면서도 묘하게 멋있었다.

선배가 그에게 나를 소개하자, 그는 자신이 내 형의 친구라는 사실을 알았다. 병우 형이었다. 작은 키에 뿔테안경을 쓴 그는 친근한 미소로 내게 손을 내밀었다. 얼떨결에 악수를 하고 자리에 앉았다. 잠시 후 병우 형은 기도를 시작했다. 나를 데려온 선배도 함께였다. 나는 기도를 할 줄 몰랐다. 그래서 눈을 감고만 있었다. 기도 소리가 멈췄을 때, 나는 누가 시키지 않았는데도 눈을 떴다.

병우 형은 통기타 줄을 조율하고 있었다. 목에는 하모니카까지 걸려있었다. 나는 입이 벌어졌다. 감탄이 절로 나왔다. 너무 멋져 보였다. 형은 코드 몇 개를 잡는 시늉을 하더니 스트로크를 시작했다. 그것은 목을 푸는 몸짓 같았고 동시에 무대 같았다. 나는 처음 듣는 기타 소리와 리듬에 매료됐다. 병우 형은 연주를 멈추고 내가 좋아하는 가수가 누구냐고 물었다. 나는 망설임 없이 "김광석"을 외쳤다. 형은 기다렸다는 듯 김광석의 노래를 연주하며 불렀다. 매일 라디오나 카세트테이프에서만 들었던 노래를 눈앞에서 처음 든는 순간이었다.

　그날부터 병우 형은 매주 교회에서 기타를 가르쳐
주었다. C, G, Am, C7 같은 코드들. 그는 자신의 기타
를 내게 선물하며 집에서도 연습하라고 했다. 나는 뛸
듯이 기뻤다. 내 기타는 아니었지만, 처음으로 가져보
는 악기였으니까. 밤마다 기타를 붙잡고 코드를 잡았
다. 왼손가락은 물집투성이가 됐다. 통증이 심해 잠을
설치기도 했다. 그 모습을 본 형은 웃으며 말했다. "굳
은살 박히면 괜찮아질 거야." 하지만 굳은살이 박이
기까지는 시간이 걸렸고, 통증은 쉽게 가시지 않았다.

　나는 중학생 때 김광석에 미쳐있었다. 그의 목소리
를 흉내 내며 매일 노래를 따라 불렀다. 사춘기의 변
성기는 잔인했다. 목소리는 걸걸해졌고 음역과 음색
은 엉망이었다. 노래를 부를 때마다 목은 상하고, 떡
목처럼 맥빠진 소리만 났다. 애써 흉내 내던 김광석의
음색은 사라지고 좌절만이 남았다. 그렇게 혼자 교회
예배당에서 기타를 치며 좌절을 달래던 어느 날, 내
뒤로 그림자처럼 누군가 다가왔다. 나를 교회로 이끌
었던 선배와 병우 형이었다. 병우 형은 어깨를 가만히
두드리며 말했다. "누군가의 목소리를 닮아가는 것도

좋지만, 언젠가 너만의 목소리를 찾으면 더 좋겠다."
그는 기타 피크 몇 개를 내 손에 쥐여주고 미소를 지었다.

시간은 하염없이 흘렀다. 나는 대학생이 되었고 군대에 다녀왔다. 그 사이 IMF가 터졌다. 복학 후 학교에서 만난 선배들은 하나같이 취업에 실패하며 좌절했다. 나만큼은 운이 좋게 매형의 소개로 토목건설 회사에 취직했지만 삶은 버거웠다. 육체는 고되고 정신은 피폐해졌다. IMF 극복으로 세상이 억지로라도 축제 분위기를 내던 때, 나는 알 수 없는 우울감에 더 깊이 빠져있었다. 새천년의 시작을 기뻐하라는 분위기와 제대 후유증은 서로 어울리지 않았다. 나는 여전히 그 우울의 한복판에 머물러 있었다.

1999년 12월 31일, 한 세기가 저물던 날이었다. 우리 가족은 신도림 큰형 집에 모였다. 저녁을 먹고 밀레니엄을 맞으며 자정을 보냈다. 새벽, 가족들은 노량진 수산시장에 갔지만 나는 혼자 거실에 남았다. 천장을 보며 무늬를 따라 눈을 헤매던 중 현관문 아래로 신문이 들어왔다. 우유통에 말려 들어온 신문이었다.

나는 삼단으로 접힌 신문을 펴들었다. 중앙일보 1면에 '2000년 새해 신춘문예 특집'이라는 제목이 눈에 띄었다. 시 당선작은 박성우 시인의 「거미」였다. 문학을 배운 적도 없고, 시를 이해할 자신도 없었지만, 그 안의 한 문장이 나를 멈춰 세웠다. "거미는 스스로 제목에 줄을 감지 않는다." 그 문장은 이상할 정도로 내 심장을 두드렸다.

나는 신문에서 시가 나온 부분을 가위로 오려냈다. 그리고 집에 돌아와 그 시를 벽에 붙였다. 시를 이해할 수는 없었지만, 두근거림만큼은 확실했다. 어쩐지 모르게 끌렸고, 낯선 감정 속에서 시를 읽고 또 읽었다. 이해하지 못하는 상태로도 시의 언어들은 내게 무언가를 말하는 듯했다. "스스로 목에 줄을 감지 않는다"라는 문장이 내 혼란스러운 마음에 오래도록 얽히고 있었다.

며칠 후, 신문 하단에 적힌 주소를 들고 나는 박성우 시인을 찾아갔다. 그가 근무하던 곳은 익산의 한 대학이었다. 캠퍼스 여기저기에 신춘문예 당선을 축하하는 현수막이 겨울바람에 나부끼고 있었다. 문예창작학과의 나무문을 두드리고 들어가 보니, 그는 비쩍 마른 몸으로 컴퓨터 모니터를 들여다보고 있었다. 고개를 들었을 때도 내게 별다른 관심을 두지 않고 연신 담배를 피워댔다.

잠시 후, 그가 나를 빤히 쳐다보았다. 나는 주저하지 않고 군 복무 시절 써두었던 50여 편의 시 뭉치를 꺼내 그의 책상 위에 올려놓았다. 지금 생각하면 얼굴이 화끈거리는 일이지만, 그때의 나는 그것이 최선이라고 믿었다. 박성우 시인은 묵묵히 시를 훑어보더니 손에 들고 있던 담배를 재떨이에 비벼 끄고 물었다.

"이름이 뭐라고?"

나는 주눅이 들어 더듬거리며 말했다.

"김… 정… 배입니다."

그는 어깨를 가볍게 치며 말했다.

"쇠주나 한잔하러 가자."

술자리에서 그는 다정했다. 어색한 분위기를 깨려 노력하는 모습이 느껴졌다. 나와 비슷한 키에 깡마른 체격이었지만, 내겐 없는 여유가 그에게는 있었다. 술집을 나올 때 나는 그가 흰 고무신을 신고 다닌다는 것을 알았다. 어울리지 않는 시대와 환경 속에서도 그는 스스로를 잃지 않는 사람이었다. 그런 그와의 인연은 내가 그 대학에 편입하게 되는 계기가 되었다.

공대를 졸업한 내가 문과에서 다시 시작하는 일은 쉽지 않았다. 특히 내가 좋아하는 시인이라곤 원태연과 류시화 정도가 전부였으니 더욱 막막했다. 박성우 시인은 내게 김명인, 이성복, 황지우, 기형도, 장석남 등 여러 시인의 작품을 추천했다. 나는 그 시집들을 밤새 읽으며 문학의 세계에 빠져들었다.

학과 생활은 예상보다 고되었다. 매주 시 한 편씩 제출해야 했고, 신춘문예 시즌이 다가오면 선배들의 무시무시한 합평 시간이 이어졌다. 그 압박감 속에서 나는 늘 시달렸다. 그러다 또 한 번의 신춘문예 시즌이 지나갔다. 지쳐버린 나는 자취방에 누워 오랫동안 손대지 않았던 통기타를 품에 안았다. 열병처럼 신춘문예에 대한 집착을 떨치려 아는 노래 몇 곡을 반복해서 불렀다. 김광석과 안치환의 노래가 대부분이었다.

그러던 어느 날, 여전히 누군가를 흉내 내기만 하며 살고 있다는 생각이 들었다. 그 자책감은 날카롭게 나를 찔렀다. 나는 기타를 내려놓고 며칠간 밥도 굶은 채 방 안에서 잠만 잤다. 벽지의 무늬를 바라보며 무의미한 시간을 보냈다. 벽지의 무늬는 불협화음을 이루듯 제각각의 길을 가고 있었다. 그러다 문득 내 시선이 벽지 한쪽의 곰팡이에 멈췄다. 그 순간 중학교 시절 병우 형이 했던 말이 떠올랐다.

"너만의 목소리를 찾았으면 좋겠다."

그 말이 내 안에서 선명히 울렸다. 나는 벌떡 일어나 빈 연습장을 집어 들었다. 한숨에 쏟아내듯 단 한 번에 시상을 옮겨 적기 시작했다. 그렇게 「무명가수는 누군가를 닮아있다」라는 시가 탄생했다.

졸시, 「무명가수는 누군가를 닮아있다」 전문

드럼과 기타와 키보드의 부적절한 하모니
시작하는 박자는 달랐지만
같은 속도로 달려왔던 그 저녁,
무명가수는 누군가를 닮아있다
손가락 지문은 어차피 지워지는 법이라고
굳은살 배긴 신경을 곤두세워 본다

현실도 제 음(音) 찾아 나뒹구는 악장에서
나는 반 박자 늦은 노래를 시작한다
어차피 늦은 박자라면 한 박자 놓쳐도 좋겠다
바람에 생을 맡긴 방패연처럼 목마른 문턱에선
그 누구도 물을 마시지 않았다
술병의 입을 수없이 쓰러뜨렸을 내 삶도
연습하듯 쓰러졌지만
내 목소리는 나를 닮아있지 않았다
가던 길 되돌아가고 싶던 후렴의 날들은
도돌이표 같은 삶일 뿐이라고 한박 한박 타일러
지루한 쉼표 위에 멈춰 세웠다
그때마다 내 삶은 족보처럼 정리되어
청춘이 허락한 간주의 공간에서 되살아났다
목청 깊숙이 숨겨 온 집행유예의 기간을 지나
비로소 내가 나를 노래하고 있을 때
내 목소리는 무명가수를 닮아있다

시를 완성한 뒤, 나는 곧장 시를 출력해 학과 사무실로 향했다. 박성우 시인은 밀린 원고를 마감하느라 연신 담배를 피워대고 있었다. 나는 그의 눈치를 보며 조심스럽게 시 한 편을 책상 위에 내려놓았다. 박성우 시인은 흘깃 내 습작 원고를 보더니, "다른 신춘문에는 마감됐지만, 2000년 이후 새로 생긴 사이버 신춘문에가 있으니 그곳에 투고해 보라"고 권했다. 별 기대도 감흥도 없이 나는 원고를 투고했고, 이후로 새까맣게 잊고 지냈다.

2002년 1월 8일쯤이었다. 한 통의 전화가 걸려왔다. 전화 속 담당자는 내게 제2회 사이버 신춘문에 시 부문 당선 소식을 전했다. 몇 가지 확인 과정을 거치고, 그는 사진과 심사평을 보내달라고 요청했다. 나는 얼떨떨한 마음으로 심사평을 작성해 보냈다. 그날부터 후배들과 선배들의 축하 메시지가 쏟아졌다. 가장 기억에 남는 메시지는 '사람의 문운은 등단작의 제목을 따라간다'는 한 선배의 예언 같은 문자였다. 그 말은 우려였고, 동시에 현실이었다.

나는 시인이 되었지만, 진짜 시인이 되지는 못했다. 선배들은 중앙지나 주요 문학 잡지를 통해 화려하게 문단에 데뷔해야 진짜 시인이 될 수 있다고 말했다. 사이버 시대의 문학 열풍도 2002년 월드컵을 준비하는 흐름 속에서 금세 사라지고 말았다. 나는 그렇게 '진짜' 시인이 되지 못한 무명시인이 되었다.

그 후로 20년 가까이 문단에 명함을 내밀지 못했다. 2002년부터 20년 동안, 나는 진짜 시인이 되기 위해 끊임없이 원고를 투고했다. 총 200번이 넘는 도전 끝에, 최종심에서 내 이름을 확인한 건 12번 남짓이었다. 그러나 심사위원들의 손에 내 원고는 끝내 들리지 않았다. 나는 간절히 진짜 시인이 되고 싶었지만, 세상은 내 이름을 불러주지 않았다. 그럴수록 나는 세상에 나갈 길을 잃어갔다.

그러던 어느 날, 우연히 영화 한 편을 보게 되었다. 말릭 벤젤 룰 감독의 〈서칭 포 슈가맨〉이었다. 이야기는 단순했다. 미국에서는 아무것도 아니었던 한 사내가 남아공에서는 영웅이 되는 이야기였다. 영화 속 주인공 로드리게스는 미국에서 낸 앨범이 단 6장밖에 팔리지 않았다. 그 6장마저도 그의 가족들이 산 것이었다. 그러나 그는 지구 반대편 남아공에서는 밀리언셀러 히트 가수가 되어있었다. '엘비스'보다 유명한 슈퍼스타. 그의 앨범은 남아공에서 수십 년간 가장 큰 사랑을 받으며 최고의 히트를 기록했다.

나는 영화 속 로드리게스의 대사에 울컥했다. 그는 이렇게 말했다.

"HERO와 ZERO는 알파벳 한 글자 차이일 뿐이에요."

그리고 덧붙였다.

"어떻게 될지 모르잖아요."

그 말은 마치 내게 건네는 충고 같았다. 나는 오늘도 'HERO'와 'ZERO' 사이의 간극을 생각한다. 아무것도 아닌 삶과 영웅의 삶, 그 둘 모두 내 가슴을 뛰게 만든다. 그리고 그 간극은 내 안에서 나만의 주파수, 나만의 'Hz'를 만든다. 나는 가장 무명한 시인이 되어, 모두가 시인이 될 수 있는 세상을 꿈꾼다. 여전히 누군가의 목소리를 닮아가고자 노력하지만, 끝내 무명 가수의 목소리를 닮아가는 나를 발견한다. 지금도, 그렇게.

오늘 처음 원고청탁을 받았습니다

첫눈이 내리던 날, 놀이터에서 놀던 아이 하나가 눈을 뭉쳐 내게 던졌다. 그 작은 눈뭉치는 부서지지 않고 내 발밑까지 굴러왔다. 나는 한참 동안 그 눈뭉치를 바라봤다. 그러면서 문득, 내 영혼의 무게도 이 정도일지 모른다는 생각이 들었다. 오늘 아침, 다시 눈이 내렸다. 평소엔 느끼지 못했던 이상한 감각으로 나무 위에 핀 흰 눈꽃이 유난히 아름답게 보였다. 운전을 하면서도 갓길에 차를 세우고 사진을 남기고 싶을 만큼 강렬한 충동이 일었다.

라디오에서는 레이 라몬테인(Ray LaMontagne)의 〈Empty〉가 흘러나왔다. 설경은 차가웠고, 희고, 투명했다. 모든 게 완벽했다. 눈발은 거칠었고, 노래의 여운마저 삼킬 듯했다. 시야를 가리는 흰 눈송이 속에서 차가 갑자기 미끄러졌다. 두 바퀴쯤 미친 듯이 돌았다. 허공에 떠도는 눈송이들은 점점 멀어지고, 거리의 나무는 실뜨기를 하다 실을 놓친 사람처럼 서 있었다. 그리고 쿵. 멀리서 들린 소리. 한참 후에야 내 차가 길가의 나무를 들이받고 멈춰 섰다는 걸 깨달았다.

내 차는 눈뭉치에 제대로 맞은 아이처럼 웅크려 있었다. 길옆으로는 2미터가량의 농수로가 버티고 있었다. 작은 나무 한 그루가 아니었다면, 내 차는 그대로 농수로에 처박혀 전복됐을 것이다. 신고를 하고 견인차를 기다리는 동안, 나는 눈을 맞으며 서 있었다. 마음을 가라앉히려고 가와바타 야스나리의 『설국』 첫 문장을 떠올렸다. "국경의 긴 터널을 빠져나오자, 눈의 고장이었다…" 하지만 그 문장을 완전히 되새기기도 전에 견인차가 도착했다. 반파된 내 차를 매달고 견인차는 아무 일도 없었다는 듯 눈길을 다시 달려갔다.

사고를 처리하고 돌아오는 길, 나는 그날의 아이처럼 눈뭉치 하나를 조심스럽게 뭉쳤다. 그리고 내 그림자가 서 있는 곳을 향해 던졌다. 눈뭉치는 내 영혼의 무게처럼 느리게, 부드럽게 흰 눈밭 위를 굴러갔다. 마치 21그램의 영혼이 세상 속으로 조용히 미끄러져 가는 것처럼.

그날 저녁, 죽을 뻔한 몸을 이끌고 책상 앞에 앉았다. 많은 생각이 떠올랐다. 특히 글을 쓰는 삶에 대해 오래 고민했다. 작가가 되고 싶었지만, 단 한 번도 원고 청탁을 받아보지 못한 내 삶을 자책하기도 했다. 그러다 문득, 내가 왜 늘 기다리고만 있는지 스스로 물었다. 다른 이들의 원고 청탁서를 떠올렸다. "누구누구 선생님께, 옥고를 부탁드립니다." 그런 문구는 마치 다른 세상의 암호처럼 느껴졌다. 나와는 너무 먼 언어 같았다.

나는 다시 물었다. "왜 나는 그런 청탁서를 받을 수 없는가?" 글을 쓰고 있으면서도, 글을 쓰는 사람으로 불리기를 갈망하고 있었다. 그때 한 가지 엉뚱한 생각이 떠올랐다. '내가 나에게 원고 청탁서를 보내면 어떨까?' 타인의 청탁을 기다리는 대신, 내가 나 자신에게 청탁을 해보자는 아이디어였다. 생각이 닿는 즉시, 나는 컴퓨터를 켜고 원고 청탁서를 작성하기 시작했다.

"김정배 선생님께, 1년 동안 100편의 글을 써주십시오."

청탁서의 문장은 진지했고, 동시에 조금 우스꽝스

러웠다. 하지만 그것은 단순한 농담이 아니었다.

원고 청탁서를 완성한 후, 나는 그것을 이메일로 보냈다. 발신자도 나, 수신자도 나. 진심이었다. 나를 다잡고 글쓰기의 방향을 정리하기 위해 이 실험을 시작했다. 그리고 스스로를 독촉하기 위해, 그 내용을 SNS에 공개했다. 예상대로 많은 사람들이 응원을 보냈다. 하지만 그 안에는 살짝 의심 섞인 분위기도 있었다. '그래, 한 번 해봐. 끝까지 지켜볼게'라는 듯한 반응이었다.

그날부터 나는 내가 나에게 보낸 청탁서의 원고를 완성하기 위해 온 힘을 다했다. 매일 글을 쓰는 일은 결코 쉬운 일이 아니었다. 가끔은, '누가 신경이나 쓰겠어.' 하고 조용히 실험을 멈추고 싶기도 했다. 그러나 문제가 생겼다. 어느 순간부터 내가 올린 글에 댓글이 달리기 시작했다. 대부분은 '뭐래!', '어쩔티비' 같은 반응이었다.

그러나 곧 알게 되었다. 이 모든 댓글은 사춘기 딸의 소행이었다. 순간 무릎을 쳤다. '그래, 이제 내 독자는 내 딸이다. 내 딸을 위해 글을 쓰자.' 그렇게 나는 딸을 독자로 삼아, 매일 글을 쓰기 시작했다.

그때부터 나에게는 귀여운 악플러가 생겼다. 딸아이는 내 글에 장난기 가득한 댓글을 달며, 나를 놀렸다. 하지만 나는 그 모습이 내심 즐거웠다. 딸아이에게 하고 싶은 말이 있을 때면 글로 써서 올렸다. 아이는 내 글과 정반대의 논리로 댓글을 남기곤 했다.

한 번은 겨울방학을 이용해 이탈리아 피사를 여행했다. 피사의 사탑을 보며 아이에게 설명하려 했지만, 기대했던 만큼 반응을 이끌어내는 데는 실패했다. 아이는 대수롭지 않다는 표정으로 "그냥 기울어진 탑 아니야?"라며 시큰둥하게 말했다.

그날 저녁, 피사의 사탑 이야기를 글로 남기기로 했다. 글의 제목은 「피사의 사탑과 기울어진 운동장의 매력」이었다. 딸아이에게 보내는 편지이자, 앞으로의 삶에 대한 조심스러운 당부를 담았다. '기울어진 것이 단점이 아니라, 세상에 단 하나뿐인 매력이 될 수도 있어'라는 메시지가 담긴 글이었다.

갈릴레오 갈릴레이의 고뇌와 숱한 방황을 떠올리며 피사 기적의 광장에 닿습니다. 갈릴레이에 대한 생각이 채 정리되기도 전에 기울어진 피사의 사탑이 내 마음을 바로 세웁니다. 설핏 검색해보니, 사탑은 높이가 58m이며, 무게는 5000t에 달하는 종루라고 합니다. 피사 대성당의 종탑으로 쓰였던 건물이지요. 현재 기울기는 수직선에서 4.1m인데, 1173년 착공 당시에는 탑이 기울어졌는지 몰랐다고 합니다. 3층을 마무리하고 4층 공사가 시작되었을 때 건물이 기울어지고 있다는 것을 알았다고 합니다.

이후 공사는 무기한 중단되었지만, 결국 공사의 책임자였던 건축가 시모네 피자노와 조반니 피자노는 5, 6, 7층을 올리면서 구조적 안정성을 확보하게 됩니다. 하지만 이후에도 피사의 사탑은 계속 기울어져 현재는 2018년 기준보다 4㎝가량 탑이 상승한 상태라고 합니다. 이 모든 원인은 불과 3m밖에 안 되는 약한 지반 때문입니다. 말 그대로 사상누각인 셈이지요. 하지만 놀랍게도 피사의 사탑이 세워진 뒤 850년 동안 네 차례나 되는 강한 지진을 견딜 수 있었던 것은 바로 그 약한 지반 때문입니다.

그렇습니다. 실패를 알아차렸을 때는 이미 늦은 것이 아니라 그 무게 중심을 어디에 둬야 하는

지를 잘 생각해야 합니다. 실패하더라도 무게 중심의 축이 건강한 사람은 결코 무너지지 않습니다. 또 하나, 자신을 잘 지탱하기 위해서는 그 바탕이 부드럽고 유연해야 합니다. 다른 사람이 보기에는 비록 모래 위의 성처럼 보일지라도 자신에게 맞는 밑바탕을 찾아내야 합니다. 그리고 더욱 중요한 사실 하나는 자신의 판단이 비록 주류가 아닌 비주류로 낙인찍히고 이단아로 보일지라도 갈릴레오 갈릴레이처럼 진리를 발견하기위해 노력해야 합니다. 제가 술자리에서조차 비주류인 이유이기도 합니다.

-「피사의 사탑과 기울어진 운동장의 매력」 부분

피사의 사탑 앞에서 딸아이는 G드래곤의 〈삐딱하게〉를 부르며 내 말을 듣지 않았다. 사탑이 왜 기울었는지, 어떻게 무너지지 않는지 설명하려 해도, 아이는 관심을 보이지 않았다. 그런데 어느 날 딸아이가 말했다.

"아빠 말이 맞더라. 피사의 사탑은 진짜 사상누각인데도 안 무너졌대."

그 말을 듣는 순간, 나는 너무나 기뻤다. 누군가 내 글을 읽고 내 말을 기억해준다는 사실만으로도 행복했다. 그 작은 인정이 글을 쓰는 내 삶을 견디게 했다.

그 순간 문득 강의 때마다 학생들에게 들려주던 이야기가 떠올랐다. 추사 김정희의 〈세한도〉다. 1844년, 59세의 김정희가 그의 수제자 이상적에게 선물한 그림. 소나무 두 그루, 잣나무 두 그루, 그리고 집 한 채가 그려진 이 단순한 그림은 청나라 명사들에게 깊은 감동을 주었다. 무엇보다 인상적인 건, 그 감상들이 글로 남겨졌다는 사실이다. 청나라 명사들은 자신의 생각을 댓글 형식으로 기록해 그림 아래에 남겼다. 이후 후세 문인들도 그 아래에 글을 덧붙이며 길이는 무려 14미터에 달했다.

나는 생각했다. 추사 김정희가 지금 시대에 살았다면, 그의 〈세한도〉는 오늘날의 댓글 창과 다름없었을지도 모른다. 누군가의 글에 또 다른 글로 반응하고, 대화가 쌓여가는 과정. 그것은 과거에도, 지금도, 글이 가진 힘이었다.

그날 이후로 나는 매년 나에게 원고 청탁서를 보내고 있다. 누가 읽든 읽지 않든 상관없이, 스스로를 독촉하며 글을 쓴다. 하지만 매번 고민한다. 나는 왜 글을 쓰는가? 글쓰기란 무엇인가?

글을 쓰다 보면, 그것이 삶의 미봉책처럼 느껴진다. 삶의 균열과 모순을 조금씩 덮고 이어붙이는 과정 같기도 하다. 며칠 전, 글을 쓰고 싶어 하는 친구들을 만난 적이 있다. 나는 상담자의 역할이었지만, 오히려 그의 이야기에 오래 귀를 기울이는 계기가 되었다. 그리고 다시금 스스로에게 질문한다. 나는 왜 글을 쓰는가?

삶을 돌아보면 너무 많은 변명에 기대었고, 수사에 빚을 졌으며, 실패하고 저항하며 지나치게 진지했다는 생각이 든다. 결국 중요한 것에는 다가가지 못한 채, 테두리만 두드리며 살아왔다는 느낌이다.

그날, 내게 상담을 받던 친구가 물었다.

"선생님, 작가가 되면 행복한가요?"

나는 곧바로 답하지 못했다. 한참 뒤에 나는 그에게 되물었다.

"작가가 되면 행복할 것 같니?"

그리고 덧붙였다.

"지금 행복하지 않다면, 작가가 되어도 행복하지

않을지도 몰라."

그 친구의 표정이 어두워졌다. 원하던 대답을 듣지 못해서가 아니라, 외면하고 싶었던 자신의 모습을 마주했기 때문일 것이다.

그 친구가 떠난 후, 나는 환하게 켜져있던 태블릿 PC의 화면을 껐다. 어두운 화면 속에 내 얼굴이 비쳤다. 마치 아가미도, 폐도 없이 피부로 호흡하는 생물 같았다. 그때 깨달았다. 글쓰기란 바로 그런 것 아닐까. 내 몸의 아가미나 폐를 잠시 꺼두고, 온전히 피부로만 호흡하려는 다짐. 작가란 그런 존재일지도 모른다. 죽어서도 글은 문장으로 남아 숨을 쉬게 하는, 방황과 노력의 흔적. 글쓰기는 그 이상도, 그 이하도 아닌, 끊임없는 미봉책.

글은 답을 찾는 행위가 아니다. 오히려 질문을 발견하고, 그 질문에 오래 머무는 일이다. 나는 이제 답을 찾으려 애쓰지 않는다. 대신 질문 속으로 들어가기로 마음먹는다. 이 글은 무엇에 대한 이야기여야 하는가 생각한다. 내가 알아야 할 것은 무엇인가. 답을 구하려 하기보다 묻기만 하는 글쓰기.

글을 쓴다는 것은 결국 나를 만나는 일이다. 그것은 내가 외면하고 싶었던 나의 일부를 드러내고, 그 조각들을 지면 위에 펼쳐놓는 과정이다. 글을 쓰며 알게 된다. 누군가의 요청과 기대 속에서, 나는 나를 발견하게 된다. 내 글을 기다리는 사람의 목소리를 통해 나를 다시 마주할 수 있다는 점을. 그것이 내가 글을 쓰는 또 다른 이유일지도 모른다.

나는 지금 키보드 위에서 손을 멈춘다. 오늘 처음으로 다시 받은 원고 청탁서를 읽고 있다. 그것은 다른 누구도 아닌, 내가 나에게 보낸 것이다. 스스로에게 원고 청탁을 하는 이 엉뚱한 실험과 모험은 내게 일종의 사건이기도 하다. 이 사건이 어떤 결과를 낳을지 나는 알 수 없다. 하지만 분명한 것은 이 사건이 내 안의 글쓰기라는 세계를 다시 열어주었다는 점이다. 나는 다시 키보드 위에 손을 얹고 첫 문장을 쓰기 시작한다. 평범한 문장이지만, 동시에 아주 특별한 문장이라는 생각이 든다.

"나는 오늘 처음 원고 청탁을 받았습니다."

한참 동안 이 문장을 들여다본다. 단순한 문장이지만 묘한 생명을 품고 있다. 마치 그 문장이 나를 어디론가 끌고 가겠다고 약속하는 듯 보인다. 나는 나 자신에게 청탁한 글을 앞으로도 계속 써 내려가기로 한다. 그러나 그것은 결코 쉬운 일이 아닐 것이다. 내 안에서 끊임없이 무언가가 속삭이고 있지만, 그것을 글로 옮기는 일은 또 다른 도전이기 때문이다.

가끔 신춘문예에 200번 떨어진 기억을 지병처럼 더듬는다. 그때 나는 미치도록 시인이 되고 싶었다. 또한, 나의 글이 세상에 인정받기를 간절히 바랐을 것이다. 하지만 돌아오는 것은 차가운 침묵뿐이었다. 그 침묵이 쌓일수록 나는 스스로를 의심하기도 했다. 그런 이유로 글을 쓰는 이유가 얼핏 희미해지기도 했다. 작은 지방지에 간간이 실리던 내 글이 전부였고, 그 이유만으로 작가라고 하기에는 스스로를 허락할 수 없었다.

그러나 나는 지금 누가 시키지 않아도 글을 쓰는 작가가 되어가고 있다. 비록 내가 나에게 원고 청탁을 하고 글을 쓰는 다소 엉뚱한 사람이지만, 그것만으로도 충분히 나는 행복하다. 내 글에 귀여운 악플을 매

일 달아주는 두 딸이 있고, 가끔씩 내 글을 기다려주
는 이름 없는 독자가 있기 때문이다.

Whale dance

2024년 여름, 파리 올림픽을 보았다. TV 화면에는 근대 5종 경기가 한창이었다. 그중에서도 승마 경기가 유독 내 눈길을 끌었다. 평소에는 관심조차 두지 않던 경기였지만, 내 시선을 붙잡은 건 다름 아닌 해설자의 한마디였다. "승마 경기는 경기 시작 20분 전에 추첨으로 무작위 말을 배정받습니다. 그래서 선수와 말의 교감이 무척 중요하죠." 이 말에 호기심이 동해 더 알아보니, 근대 5종 승마는 적군의 말을 빼앗아 타는 설정에서 유래한 것이라고 했다.

해설자의 이야기는 여기서 끝나지 않았다. 선수는 배정받은 낯선 말과 단 20분 안에 적응해야 한다는 것이었다. 이 짧은 시간 동안 말과 한 몸, 한마음이 되어야 비로소 경기에 나설 수 있다고 했다. 이 독특한 설정이 너무 흥미로워 나도 모르게 마장에서 뛰고 싶은 충동까지 느꼈다. 가슴이 두근거리기 시작했다.

그 순간, TV 화면 속의 말 한 마리가 장애물을 힘차게 뛰어넘는 모습이 펼쳐졌다. 마장 곳곳에 배치된 높은 장애물들을 마치 약속이라도 한 듯 힘껏 넘었다. 간혹 뒷발이 장애물에 걸려 기물이 떨어지면 7점씩 감점되곤 했다. 경기는 내내 흥미로웠지만, 가장 감동적인 순간은 경기의 끝에서 찾아왔다. 바로 '칭찬' 점수였다. 한 선수가 경기를 마친 뒤, 여러 차례 기물을 떨어뜨린 말에게 다가가 목을 정성스럽게 쓰다듬으며 칭찬을 건네는 모습이었다.

그때 캐스터가 해설자에게 물었다.
"말이 저렇게 많은 실수를 하는데도 왜 칭찬을 하는 거죠?"
해설자가 답했다.
"경기를 마친 뒤 말을 칭찬하지 않는 선수에게는 마이너스 10점이 부과됩니다. 칭찬은 가장 중요한 점수 중 하나죠."

그 말을 듣는 순간, 나는 울컥했다. 자신을 낙마시킨 말일지라도 칭찬하지 않으면 안 되는 경기라니. 세상에 이렇게 아름다운 경기가 있을 줄은 몰랐다. 칭찬은 적장의 말조차 춤추게 만든다는 사실을, 그날 새삼 깨달았다. 칭찬 없는 삶은 결국 낙마하게 된다는 깨달음도 내 안에 깊은 울림을 남겼다. 그 울컥함은 마치 검정 오일파스텔 같았다. 빛과 어둠 사이를 반복하며, 손끝에 남는 잔상을 통해 무언가를 말하려는 듯한 검정 오일파스텔처럼.

근대 5종 경기가 끝난 뒤, 나는 홀로 거실에 앉아 캔버스를 펼쳤다. 그리고 왼손을 뻗어 오일파스텔 하나를 집어 들었다. 평소와 다를 것 없는 일이었지만, 이날은 유독 마음이 남달랐다. 내가 얼마나 불안한 영혼을 가진 사람인지도, 오일파스텔의 크기가 점점 줄어들수록 선명해졌다. 칭찬이라는 작고 고요한 행위가 나를 움직였고, 그 작은 움직임이 새로운 시작을 암시하고 있었다.

내가 처음 그림을 그리기 시작한 것은 2018년 봄이었다. 잘할 수 있는 일이 별로 없었던 나는, 더 잘할 수 없는 일을 잘해보기로 결심했다. 그림을 그리기로 마음먹은 그날부터, 나는 매일 새벽 3시에 눈을 떠 흰 도화지를 펼쳤다. 기도하듯 손을 움직이며 생각나는 대로 그리고 또 그렸다. 대부분은 꿈에서 본 이미지를 잠에서 깨자마자 재현하려 애썼다. 문제는, 그렇게 그린 그림 중 마음에 드는 것이 하나도 없었다는 점이다. 내 그림 속에는 내가 없었다. 누군가를 따라 하려는 의도와 잘 그리려 애쓰는 노력만이 엉켜 있었다.

어느 날, 나는 그림 그리기를 멈추고 이유를 찾아보기로 했다. 왜 내 그림은 내 것이 아닐까. 그때 문득 깨달았다. 오른손으로 그리는 습관이 나를 얽매고 옥죄고 있었다는 사실을. 그날부터 나는 왼손으로 그림을 그리기 시작했다. 처음 왼손으로 오일파스텔을 쥐었을 때, 그림은 삐뚤빼뚤한 선과 조화롭지 못한 색채의 조합으로 가득했다. 모든 것이 서툴고 어색했다. 마치 어린아이가 처음 그림을 그린 듯한 모습이었다. "이거 너무 유치한 거 아니야?" 혼자서 몇 번이고 반문하며 고민했다.

그러던 어느 날 새벽, 여느 때처럼 몸을 일으켜 왼손으로 그림을 그리고 있었다. 그런데 그날은 여섯 살배기 둘째 아이가 잠에서 깨어 내 방으로 걸어왔다. 졸린 눈을 비비던 아이는 내 왼손 그림을 한참 바라보더니, 마치 그림 대회의 심사위원이라도 된 듯 말했다.

"아빠, 그림 잘 그렸다."

그 한마디에, 나는 처음으로 내 그림이 마음에 들기 시작했다. 심장이 두근거렸다. 곰곰이 생각해보니, 나는 자라면서 그 누구에게도 이토록 순수한 칭찬을 받아본 기억이 없었다. 아이의 말 한마디가 내게 확신을 주었다. '오른손잡이지만 왼손 그림 작가'가 되겠다고.

그렇게 결심하고 나니, 나의 삶이 떠올랐다. 나는 늘 오른손잡이의 삶을 살아왔다. 무언가를 쟁취하고, 경쟁에서 앞서기 위해 움직이며 살아온 날들이었다. 반면, 왼손은 세상에 덜 길들여진, 마치 어린아이의 감각을 간직한 채 남아있는 것처럼 느껴졌다.

그날 이후, 나는 '오른손잡이지만 왼손으로 그릴 거야' 프로젝트를 시작했다. 이 프로젝트는 단순한 역설이나 기교적인 실험이 아니었다. 오히려 나 자신을 가장 정직하게 드러내기 위한 방법이었다. 왼손으로 그림을 그리면서, 나는 어쩌면 나 자신과 새롭게 대화하고 있었다.

그 기억이 나를 일으켜 세웠던 걸까. 내 왼손 그림

에는 점차 속도가 붙기 시작했다. 사람들의 반응을 보고 싶어 SNS에 그림을 꾸준히 올리기 시작했다. 그러던 어느 날, 내 그림이 네이버의 '감성충전' 코너에 소개되었다. 제목은 뜻밖이었다. 〈세상에서 가장 그림을 못 그리는 작가〉.

나는 웃었다. 그리고 너무나 기뻤다. 세상이 나를 알아준다는 사실 때문이 아니라, '가장 그림을 못 그리는 작가'라는 명명이 마치 내 정체성을 정확히 짚어낸 것 같아서였다. 그때부터 '오른손잡이지만 왼손으로 그릴 거야' 프로젝트는 마치 고래가 바다에서 춤을 추는 것처럼 신이 났다.

왼손으로 그린다는 불편함은 오히려 내게 가장 편안한 마음을 안겨주었다. 매일 매일 그림을 그리는 과정은 여전히 불완전했고, 서툴렀으며, 때로는 아득했다. 하지만 그런 과정 속에서 나는 잃어버렸던 나 자신을 조금씩 되찾았다. 그리고 그 여정의 끝에는 언제나 내가 나와 화해할 수 있는 그리움의 순간이 기다리고 있었다.

왼손으로 그림을 그리면서 깨달았다. 나는 참 마음이 아픈 사람이었다는 것을. 처음에는 몰랐지만, 왼손으로 오일파스텔을 집어들 때마다 마지막으로 붙들었던 형의 손가락이 떠올랐다. 형은 1974년 호랑이띠였다. 싸움도 잘해 주먹을 쥘 때마다 마치 뱅골 호랑이의 발바닥처럼 묵직한 기운이 전해졌다. 그런 손으로 형은 그림을 그리던 화가였다. 누구보다 뛰어난 재능을 가졌지만, 세상은 그 재능을 끝내 허락하지 않았다. 형은 자신의 재능을 펼치지 못한 채 너무 이른 나이에 세상을 떠났다.

형이 떠난 뒤, 그의 자리에는 미완성된 그림 몇 점이 남겨져 있었다. 그 그림들은 완성되지 않았기에 더 완벽한 형식을 띠고 있었다. 그 자체로 그리움이었다. 나는 형이 남긴 그림들을 대신 완성하고 싶었다. 하지만 붓에 물감을 묻히는 순간, 나는 알게 되었다. 형의 자리를 대신할 수는 없다는 것을. 그가 남긴 결핍은 너무나 컸다. 그러나 이상하게도 그 결핍은 내게 오래도록 그림을 그리게 할 힘이 되어 주었다. 외로웠지만, 그 외로움이 나를 붙들어주었다.

그러던 어느 날 꿈을 꾸었다. 한 마리 호랑이가 나를 뚫어지게 바라보고 있었다. 그 호랑이는 별을 너무 그리워한 나머지, 목이 길게 뻗어있었다. 꿈에서 깨어

나자마자 나는 여느 때처럼 캔버스를 펼쳐 그 이미지를 옮겨냈다. 그림의 제목은 〈별을 그리워하다가 목이 길어진 호랑이〉라고 붙였다. 지금까지 붙였던 제목 중 가장 마음에 드는 표제였다.

그림을 바라보며 생각했다. 형이 내게 남긴 것은 비워진 자리만이 아니었다. 그것은 내 그림에 그리움과 결핍을 담아내는 법을 가르쳐준 은유이자, 나를 앞으로 나아가게 하는 조용한 동력 같은 것이었다.

그날부터 나는 그림을 그리는 나 자신을 '호랑이'라고 부르기로 했다. 인스타그램 닉네임도 '@JAB_KIM_HORANGE'로 설정했다. 우연일지도 모르지만, 호랑이는 노자의 『길과 얻음』(道德經) 제14장에 등장하는 '홀황'(惚恍)을 떠올리게 했다. 노자에 따르면 홀황은 자기를 향한 그리움이자 순수함, 그리고 순진무구함을 뜻한다. 앞뒤를 계산하지 않고 그저 나 자신을 찾아가는 나만의 도정(道程)이 바로 그 홀황과 닮아있었다.

그날 이후, 나는 나만의 어리벙벙한 호랑이(惚恍)가 되어 왼손으로 그림을 그려나갔다. 그 과정에서 나는 왼손에 담긴 이(夷), 희(希), 미(微)의 의미를 점점 깨닫게 되었다. 왼손 그림은 단순한 표현 수단이 아니라, 볼 수 없는 것(the invisible), 들을 수 없는 것(the inaudible), 만질 수 없는 것(the intangible)을 담아내는 감각의 통로가 되어 주었다.

특히, 형의 부재가 사무치게 느껴질 때면, 나는 왼손으로 자화상 같은 그림을 그렸다. 그 과정에서 마치 형으로부터 혹은 누군가로부터 따뜻한 칭찬을 받는 듯한 기분이 들곤 했다. 그러나 시간이 흐르면서, 나는 그림을 그리는 이유가 단순히 형을 대신하기 위해서가 아니라는 사실을 깨달았다.

나는 그림을 통해 형의 부재를 견디며, 동시에 나 자신과 마주하고 있었다. 왼손으로 캔버스에 그려 넣는 선과 색은 단순한 창작물이 아니라, 나 자신을 찾아가는 발자국이었다. 형의 빈자리는 더 이상 아픈 결핍이 아니라, 나를 스스로에게 이르게 하는 다리가 되어주고 있었다. 나는 형의 유산을 대신하려는 시도를 멈추고, 나 자신이 되고자 하는 길 위에 서 있었다. 그 길 위에서, 나는 매일 조금씩 더 나다워지고 있었다.

형과의 대화였던 왼손 그림은 어느새 나와의 대화

로 변해갔다. 그림은 나를 치유하는 창이자, 나를 비추는 거울이 되었다. 처음에는 형의 흔적을 완성하고 싶다는 욕심으로 시작했지만, 형을 대신할 수 없다는 사실을 누구보다 잘 알고 있었다. 이제 나에게 왼손 그림은 단순히 형의 부재를 받아들이는 과정을 넘어, 나의 내면을 치유하고 결핍을 정면으로 마주하게 하는 도구가 되었다. 캔버스를 가득 메운 흔들리고 왜곡된 선들은 불완전한 나의 삶을 그대로 드러냈고, 그 불완전함은 오히려 가장 솔직한 표현이 되었다.

그렇게 '오른손잡이지만 왼손으로 그리기 프로젝트'를 혼자 이어가다 보니, 전시장 하나를 채울 만큼의 작품이 쌓였다. 하지만 전시 경험은커녕 작품을 어떻게 보여줘야 할지 전혀 몰라 혼자 아등바등하던 중에, 뜻밖의 사람이 나를 찾아왔다. 그는 자신의 명함을 내밀며 말했다. 거기엔 '2019년 행정안전부 실패박람회 감독'이라는 문구가 적혀있었다.

그 감독은 행사에 대해 설명했다. 행정안전부와 중소벤처기업부가 공동 주관하는 '실패박람회'는 실패를 두려워하지 않는 재도전 문화를 확산시키기 위한 대국민 캠페인의 일환이었다. 그는 이어서, 서울 광화문 광장에서 열릴 '2019 실패박람회'에 나를 〈망작(亡作) 전시회〉의 초대 예술가로 세우고 싶다고 했다.

솔직히 말하면, 그 제안은 내 심기를 꽤 불편하게 만들었다. '실패'라는 단어도 마음에 들지 않았는데, 하필이면 〈망작 전시회〉라니. 그러나 곰곰이 생각해보니, 나는 이미 더 실패할 게 없는 사람이었다. 작가로서 바닥을 기고 있던 내가 어찌 더 낮아질 수 있을까? 게다가 정식으로 미술을 배우지도 않았던 내가 전시에 초대받는다는 사실은 그 자체로 신기한 일이었다.

결국 나는 제안을 받아들였다. 그렇게, 팔자에도 없던 '2019 실패박람회'의 메인 초대 작가가 되었다. 망작 전시회라는 타이틀은 처음엔 씁쓸했지만, 곧 그것이 나의 불완전함을 있는 그대로 보여줄 기회라는 생각이 들었다. 그리고 무엇보다, 나는 이미 실패를 두려워하지 않게 된 사람이었다.

행정안전부 행사를 통해, 나는 '오른손잡이지만 왼손으로 그릴 거야' 프로젝트의 결실인 왼손 그림 100점을 광화문 전시장에 전시하게 되었다. 전시장 입구에는 '글마음조각가의 왼손 그림 전'이라는 플래카드가 크게 내걸렸다. 실패박람회라는 문구만 없었다면, 어쩌면 유명 작가의 작품 전시처럼 보일 만큼 전시는 아름다웠다. 하지만 서툴고 미완성된 내 왼손 그림들이 관람객들의 눈에는 어떻게 비칠지 두려움이 앞섰다.

전시 첫날, 나는 사람들의 반응을 조심스레 살폈다. 뜻밖에도 관람객들은 내 그림들 앞에서 오랫동안 발걸음을 멈췄다. 어떤 이는 눈시울을 붉히며 그림을 바라보았고, 어떤 이는 따뜻한 미소를 지었다. 전시를 관람한 뒤 일부러 나를 찾아와 말을 건네는 이들도 있었다.

"당신의 왼손 그림을 보고, 완벽함만을 추구하던 제 자신의 누추한 삶을 되돌아보게 되었어요. 덕분입니다. 감사합니다."

그 말은 내게 광화문 광장에서 들은 두 번째 칭찬이었다. 첫 번째 칭찬은 여섯 살배기 아이가 새벽에 내 방에 찾아와 건넨 말이었다. 이 두 번째 칭찬은 왠지 그 첫 번째 칭찬과 연결된 듯한 느낌을 주었다. 물론, 모든 반응이 긍정적인 것은 아니었다. "이게 무슨 초등학교 그림 전시회냐?"라며 기를 죽이는 사람도 있었다. 그러나 이제는 상관없었다. 내 왼손 그림이 단지 나를 위해서만 존재하지 않는다는 사실을 깨달았기 때문이다.

이제 왼손 그림은 나를 치유하는 개인적인 행위를 넘어, 다른 누군가에게 위로와 연결의 통로가 되고 있었다. 그림 속 흔들리고 서툰 선들은 결핍과 불완전함을 있는 그대로 드러내면서, 완벽하지 않아도 괜찮다는 메시지를 전하고 있었다. 나는 그 메시지를 전할수 있음에, 그리고 내 이야기가 다른 누군가의 삶에닿을 수 있음에 감사했다.

그 전시는 나에게 작은 기적이었다. 왼손으로 그려낸 선들이, 형의 부재를 딛고 나 자신을 찾아가는 과정이, 그리고 나의 서툰 고백들이 다른 이들에게 닿아그들의 마음을 울릴 수 있다는 것이. 그것이야말로 내왼손 그림의 진정한 완성이라고 느껴졌다.

나는 지금도 오른손잡이지만 왼손으로 그림을 그릴 때마다, 파블로 피카소의 말을 종종 떠올린다. "나는 라파엘처럼 그리는 데 4년이 걸렸지만, 아이처럼그리는 데는 평생이 걸렸다." 이 말은 나의 왼손 그림

여정을 그대로 대변해준다. 그런 마음으로 꾸준히 그림을 그리다 보니, 어느덧 나는 7년 차 왼손 그림 작가가 되었다.

그 사이, 이곳저곳에서 미술관의 요청이 이어져 기획전과 개인전을 열었고, 벌써 10여 차례나 전시를 치르게 되었다. 그러나 그런 성과와 상관없이, 왼손 그림은 여전히 나에게 치유와 자유를 주는 개인적인 여정이다.

그림을 그리며, 나는 종종 마음에 머무는 짧은 시구를 도화지 한 귀퉁이에 옮겨 적었다. 그렇게 시작된 나만의 아포리즘은 어느새 제 이름값을 하며 내 작업의 또 다른 축이 되었다. 그러면서도 나는 생각한다. 시가 별건가? 그림을 그리다가 문득 왼손바닥을 펼치면, 손금 위에 새겨진 듯한 '시'라는 글자가 나를 울린다.

그러고 보면 나는 늘 왼손으로 그림을 그려왔지만, 사실은 왼손 그림을 통해 늘 시를 써왔던 셈이다. 누군가 말하지 않았던가. '글(詩)과 그림과 그리움의 어원은 같다'라고. 나는 왼손바닥에 새겨진 시의 힘으로 고래처럼 춤을 추고 있었던 것. 세상의 나처럼 실패한

121   김정배—Whale dance

이들을 위해 칭찬을 하고 있었던 것.

시인이 자신의 시에 마침표를 찍지 않듯 나는 오래, 그것도 아주 오래 오른손잡이지만 왼손으로 그림을 그릴 것이라는 확신이 든다. 여섯 살배기 아이의 첫 칭찬을 듣고 덩실덩실 춤을 췄던 한 마리 늙은 고래처럼, 아니 새벽마다 몸을 일으켜 왼손 그림을 그리는 한 마리의 외로운 호랑이처럼, 나는 오늘도 실패한 작가의 이름 없는 그림처럼 오래 늙어가고 있다.

김승일

'지면(紙面)'에서 '지면(地面)'으로 확장되는 문학을 꿈꿉니다.
쓰는 삶과 사는 삶을 일치시켜 나아가길 희망합니다.
저는 학교폭력 피해자였지만, 다정한 마음을 잘 지켜냈습니다.
따뜻함을 잃어버리지 않고 살아가다 보니
시인계의 핫팩이라는 별명을 얻었습니다.
매혹하는 힘보다 살아갈 힘을 건네는 시인이 되고 싶습니다.
문학성보다 중요한 것이 있기 때문입니다.
그것은 바로 우리의 본질인 인간성입니다.

과학을 잃고 나는 썼네

– 과학소년을 문학소년으로 성장시켜주신
두 분의 선생님을 찾습니다

국민학교 때부터 나는 별의 아름다움에 매혹되어 있
었다. 별을 보면 두근거렸다. 너무 명징하게 심장이
뛰어서, 아……. 나는 천문학적인 현상에 확실하게 반
응하는 사람이구나, 생각했다. 목성 사진만 봐도 공포
를 느끼는 사람이 있다고 하는데. 목성을 포함하여 모
든 별을 올려다볼 때마다 나는 눈물을 흘릴 뻔했다.
너무 아름다워서. 태양의 플레어처럼 감수성이 폭발
하는 시기였다.

천문학자가 되고 싶었다. 초대형 천체망원경이 있
는 곳에서 일하고 싶었다. 그게 그렇게 멋있어 보였
다. 아인슈타인과 스티븐 호킹 박사의 책을 탐독했다.
일반·특수상대성이론을 정확하게 이해하고 싶었다.
제법 진지하게 밑줄을 그으면서 공부했다. 별빛이 중
력에 의해 휜다는 사실을 알고는 전율했다. 북두칠성
의 빛이 무려 8만 광년의 광막한 우주 공간을 날아온

과거의 빛이라는 사실을 알고는 두 눈을 감을 수밖에 없었다.

그런데 그것이 과학이 아니고 문학이었다는 것을 나중에야 알게 되었다. 어떤 시적인 현상 때문에 생겨난 마음의 파도를 천천히 쓰다듬는 일이 내게 자주 일어났는데, 어린 시절에는 별을 바라볼 때 그랬다. 시적인 것을 감각하고 구체적으로 형상화하는 능력이 그때부터 조금씩 나의 가슴 안에 들어찼는지도 모를 일이다.

별들의 이름과 크기와 자전과 공전 주기, 각 행성의 대기 성분과 토양 성분 등을 찾아 달달 외웠다. 모든 별들이 내는 빛의 스펙트럼을 분석할 수 있다면 얼마나 근사할까, 그런 일을 하고 있을 세상의 모든 천문학자를 선망했다. 우주에 떠있는 무수한 별들, 생각만 해도 가슴이 벅찼다. 그 별들이 다 다를 거라고 생각했기 때문에, 똑같은 별은 하나도 없을 거라고 생각했기에, 이 우주가 아름답다고 생각했다.

놀랍게도 국민학교 6학년 때, 과학기술처장관상을 받았다. 3천 명의 전교생 앞에 섰다. 금박이 자랑스럽게 박힌 장관상을 받고 나서 부상으로 과학대사전을 받았다. 그 당시에 꽤 비쌌던 그 두꺼운 책이 그렇게 사랑스러웠다. 그 순간 나는 직감했다. 나, 정말, 훌륭한 천문학자가 되겠구나. 살다 보면 어떤 강렬한 느낌이란 것을 받을 때가 있지 않은가. 이거다 싶은, 그리고 너무나도 명확한.

과학대사전에 컬러로 인쇄되어 있는 나선은하를 경이롭게 들여다보았다. 밀키웨이의 지름이 약 10만 광년이었다. 빛의 속도로도 10만 년을 날아야 건널 수 있는 거리였다. (성인이 된 지금 생각해도 우주는 너무 넓다) 그런데 그런 거대한 은하를 무수하게 품은 우주라니 상상을 하다 보면 까무러칠 것만 같았다. 언제부턴가 빛나는 별보다 흑암으로 가득한 우주 공간 자체가 아름답게 느껴졌다. 빅뱅 이후부터 지금까지, 우주 공간의 총 부피가 무서운 속도로 팽창하고 있다니(적색편이의 원리를 알게 되고 초 흥분 상태가 되어서), 우주의 정체는 도대체 무엇이란 말인가? 언젠가 커다란 천체망원경으로 그런 우주를 집요하게 들여다보면서 밤하늘을 탐구할 새로운 지도를 완성하리라 생각했다. 어린 시절이었지만(어린 시절이었기에) 나의 꿈은 원대했다. 심(深) 우주를 들여다보고 있는 건 나만이 아니야, 라고 혼잣말을 하면서 미치도록 즐거운 외로움을 달랬다, 고 말한다면 믿어주실까.

정교한 기술로 만들어진 입자가속기와 중력파검출기는 미시세계와 거시세계를 들여다보는 인간의 창이라고, 친구들에게 자랑했다. 그러니까 우주과학 기술의 희망찬 발전이 나의 자랑이었던 시절이었다. 언젠가는 내가 가야 할 자리였으니까. 내가 그 자리에 도착해 있을 때쯤이면 과학자들은 또 어떤 과학적 쾌거를 이룰까, 환장하게 궁금했으니까.

또 한 번의 놀라운 일이, 내게 벌어졌다. 내가 다니던 중학교에는 전교 20등까지만 들어갈 수 있었던 '과학영재반'이 있었다. '과학'이라는 단어가 붙어있었기에 영재반은 늘 선망의 대상이었는데 '내… 내가' 그곳에 들어가게 된 것이다. 집에서는 난리가 났다. "우리 아들이 과학기술처장관상을 받더니, 이번엔 과학영재반에 들어갔어!" 하셨으니 그 당시 부모님이 얼마나 좋아하셨는지 지금도 짐작이 된다. 실제로 과학경시대회 시험에서 꽤 높은 점수를 받았던 것으로 기억한다. 과학대사전을 줄줄 외웠던 나였으니 웬만한 문제에는 곧잘 현답을 했던 것이다. 나는 즐겁게 지속해왔던 나의 공부가 대단히 만족스러웠다.

그런데 문제가 2학기 때 터졌다. 수학경시대회 시험을 완전히 망쳐버렸다. 평균점수에도 미치지 못했던 것으로 기억한다. 나는 사실 수학을 좋아하지 않았다. 과학적인 문제에는 엄청난 희열을 느꼈지만 희한하게도 수학적인 문제에는 조금의 매력도 느끼질 못했다. 그때부터 이미 수포자의 기운이 스물스물 기어올라오고 있었다. 진실로 진실로 사랑하는 과학 선생님이 결국, 교무실로 나를 부르셨다. 참고로, 내가 과학 선생님을 얼마나 사랑했는지는 그 당시의 과학실험 일지만 봐도 (누구나) 알 수 있었다. 실험 일지에 들인 공이 어마어마했다. 마치 과학자나 된 것처럼 나는 각종 실험에 열정적으로 임했고, 무척이나 진지하게 일지를 써내려갔다. 친구들이 하지 않는 걸 다 했다. 잘 써서 돋보이고 싶었다. 삼각 플라스크와 시험관을 정밀 묘사해 놓고는 고급 색연필로 꼼꼼히 색칠까지 했다. 일지의 마지막엔 편지까지 썼다. 과학 선생님께 존경을 담아 보내는, 일종의 러브레터였다. 아인슈타인이나 스티븐 호킹 박사를 존경했던 그 당시 그 어떤 학생들도 그렇게까지는 안 했을 것 같다.

아무튼 나는 그날 눈물 콧물로 범벅이 되어서 교무실을 뛰쳐나왔다. 내 인생에서 너무나도 중요했던 두 가지를 그날 동시에 잃었기 때문이었다. 하나는 과학자의 꿈이요. 다른 하나는 과학 선생님에 대한 순정이었다. 수학 시험을 제대로 망친 나에게 선생님은 이렇게 말씀해주셨다. "승일이는 과학자가 되기는 힘들 것 같아……. 왜냐하면 수학은, 과학의 언어거든. 언어 없이 과연, 과학을 이해할 수 있을까?" 선생님의 말씀에 몹시 큰 충격을 받았다. 꿈 없이는 단 하루도 살 수 없는 나였다. 조금만 더 돌려서 말씀해주셨다면, 위로와 희망과 사랑의 말을 덧붙여주셨다면, 과학자의 꿈을 그렇게 허망하게 놓아버리지는 않았을 것이다. 나는 교실로 돌아가 책상에 엎드려 정말 엉엉 울고 말았다. 온 세상이 무너져 내리는 경험을 했다.

그때! 구원자가 나타났다. 수학 때문에 절망했으나 수학 선생님이 내게 희망을 전해주시는 희귀하고도 신비로운 일이 벌어진 것이다. 그렇게 멀게만 느껴졌던 수학 선생님이 나의 구원자가 되어 슈퍼우먼처럼 희망의 눈빛 레이저를 발사해주시다니! 나는 그 구원의 견인 광선을 맞고는 온전한 정신으로 돌아오게 되었다. '말 한마디'가 '사람을 살릴 수 있다'는 걸 그때 알았다. 한 사람의 '진실된 호명'이 한 사람이 '잃어버린 희망을 되찾게 한다'는 진실을 중학생의 온몸으로 깨닫게 되었다. 거의 기절 직전인 나에게 다가와 선생님이 해주신 말은 다음과 같았다. "승일아, 네가 우리 반에서 가장 시를 잘 쓰는 거 아니?, 네가 시를 가장 잘 쓰니까 (시를 제일 잘 쓴다는 말을 무려 두 번이나 반복·강조해주셨다) 이번 축제 때 네가 우리 반 대표로 시화전에 참가해주었으면 좋겠어." 아! 광명이 나의 뒤통수에서부터 다시 비쳐오는 것을 느꼈다. 할~렐루야! 노래가 내 적지 않은 인생의 배경에 깔리고 있음을 직감했다. 시무룩했던 나의 표정에 웃음기가 되비치기 시작했고, 나는 급기야 내내 말라만 가다가 물기와 양분을 충분히 머금어버린 화분 속의 스파티 필룸처럼 생기발랄해졌다. 이것이 삶이로구나! 이것이 관심과 온기의 힘이로구나!

"네가 제일 잘 써"라는 문장에 힘입어, 나는 그날부로 시를 쓰고 그림을 그렸다. 세상이 놀랄 역작을 축제에 내놓기 위하여! 과학일지를 쓰던 힘으로 날마다 시를 썼다. 기형도 시인처럼 말하자면, '과학을 잃고 나는 쓰네'였다. 정말 온 힘을 끌어모아, '세상 만물들아 나를 좀 도와줘!'라고 외치면서 원기옥 같은 작품을 완성해냈다. 수학 선생님은 그 시화에 극찬의 융단폭격을 퍼부었고, 그리고 머지않아 대박이 터져버렸다. 수학 선생님의 베스트 프렌드였던 문예반 선생님이 전시된 나의 작품에 러브콜을 날려버린 것이었다. "승일이의 시화를 보기 이전과 본 이후로 나의 세상이 나뉘는구나!"와 같은 감동적인 말씀을 하시지는 않았지만, 어찌됐든 그 시화 사건 이후로 문예반 선생님과 나는 급속도로 가까워지기 시작했다. 수학 선생님의 권유와 문예반 선생님의 애정으로 나는 문예반의 새로운 에이스로 거듭나 있었기 때문이었다.

지금도 잊을 수 없는 칭찬의 추억 하나가 있다. 아침에 일찍 일어나기는 얼마나 싫은가. 그렇게 일어나서 학교랑 회사 가기는 또 얼마나 힘든가. 예나 지금이나 애 어른 할 거 없이 동일한 마음 아닌가. 어느 늦가을 아침 학교에 가기가 무척이나 싫었던 나는, 열심히 살아야 하는 마음과 한없이 게을러지고 싶은 마음의 불일치를 상당히 시적인 문장으로 받아 적는 데 성공하였다. 세숫대야에 출렁이는 물 이미지를 통해서 아침의 고통을 절묘하게 시로 표현해냈다고, 문예반 선생님은 놀라워하셨다. 어떤 시절을 극적으로 채운 결정적인 칭찬 같은 것들이 한 사람의 인생을 시나브로 변화시키는 것이 아닌가, 지금도 생각해본다. 그렇게 문예반 선생님은 다른 학생들 앞에서 늘 아낌없이 나의 작품을 칭찬해주셨다. 어쩌면 나의 가슴에 탑재된 희망의 엔진은 그 시절 문예반 선생님께 들은 무수한 칭찬으로 설계되고 조립된 것은 아닐까. 그때 나는 비로소 위기 속에서도 위기를 또 다른 아름다움으로 변화시킬 시적 엔진을 가슴에 탑재하게 되었는지도 모르겠다. 그러니까 세상의 아름다움을 찾고자 하는 나의 본래의 심성 안에 꼭 필요한 하나의 핵심 부품과도 같은 희망을 선생님이 고이 납땜해주신 것이다. 그렇게 완성된 시적 엔진을 품고 나는 나의 우주로 서서히 날아오를 준비를 하고 있었던 것일지도.

중학교를 졸업하던 날, 문예반 선생님은 나의 가슴에 다음과 같은 말씀을 각인해주셨다. "승일아, 너는 꼭 작가나 시인이 되었으면 좋겠어. 꼭 문예창작과나 국어국문과에 가서 창작 공부를 하고, 좋은 작품을 많이 남기는 사람이 되어라." 나는 그토록 따스한 말을 오래도록 가슴에 불씨처럼 품고 살았다. 고등학교 졸업 이후 문예창작과를 거쳐 국어국문학과에 진학했고, 무수한 습작을 통해서 고쳐가는(퇴고하는) 삶의 즐거움을 만끽한 후에 지금은 세상에 유일무이한 한 명의 시인이 되었다. 내가 아름답게 생각하는 우주를 수학 공식으로 표현할 수는 없었지만, 인생은 아름다운 포물선이므로 얼마든지 새로운 방향으로 커브를 그릴 수 있다는 사실을 시를 통해서 전하고 있다. 나는 나의 우주를 한글로 그릴 수 있는 사람이 되었다.

나의 시적 엔진에 결정적으로 시동을 걸어주신 두 분의 선생님을 추억하는 한여름 밤이다. 두 분 덕분에 나의 가슴에 탑재된 시적 엔진을 가동시켜 그간 수많은 별들을 돌고 돌아 지금의 성간 공간에 이르렀다. 앞으로도 더 멀리 날아가야 하겠지만, 그리하여 세상의 아름다움이 얼마나 커다랗게 이 우주 전체에 드리워져 있는지를 시인의 눈으로 목격해야 하겠지만, 지금의 위치에서 바라는 꿈이 하나 있다. 두 선생님을 꼭 만나 뵙고 싶다. 선생님들은 지금 어디에서 무엇을 하고 계실까. 이 드넓은 우주에 띄워 보내는 병 속의 편지처럼 이 글을 선생님들께 띄워 보낸다. 보이저호에 실린 골든 레코드처럼.

사랑과 다정이 무엇인지 정확하게 알고 계셨던 두 분의 선생님을 극적으로 찾게 된다면 이 시를 꼭 육성으로 낭독해드리고 싶다. 천문학자를 꿈꾸던 학생이 시인이 되어 유별(星)난 시를 썼고, 그 시를 첫 시집에 실었으며, 라디오에도 멋지게 소개되었다면, 그 학생을 응원해주셨던 선생님들은 어떤 말씀을 해주실까.

이름의 계 [①]

토성엔 흙이 없다
토성은 바닥이 없다
토성이라는 이름으로 도니까
모래바람을 만지고 간
지문들 속 수백 년 동안의 폭풍들

흙을 그리워하니까

토성이 토성이 아닌 것이 될 때까지

토성은 토성에
닿을 수 없는 것이다

자기 이름으로 도니까

다른 이름과
미마스 포에베 레아 [②] 이런 이름들이
자주 생각나는 하루가 오겠지만

[①] 김승일, 『프로메테우스』, 파란, 2016.   [②] 토성의 위성들.

한쪽 눈을 감으면
무늬가 달라진다

위로가 되지는 않을 것이다

토성이 토성이 아닌 것이 될 때까지
토성이 토성이 될 때까지

　사랑과 다정으로 이루어진 호명은 한 사람의 삶에 희망의 리듬을 불어넣을 수 있다. 너를 어떻게 호명할 것인가. 어떤 마음으로 너의 이름을 부를 것인가. 너도 나도 옆에 있는 사람들의 이름을 조금 더 따뜻하게 불러준다면. 누군가의 식어가는 가슴속 시적 엔진이 멋지게 재가동될 수도 있지 않겠는가. 그는 아마도 그 날부터 더 멀리 아름답게, 희망의 곡선을 그리며, 자기 아름다움의 전체가 보일 때까지 오래오래 날아갈 것이다. 사실 우리도 그렇게 살아가고 싶지 않은가. 내가 살아가고 싶은 아름다운 모양대로, 너도 그렇게 함께, 아름답게 살아갔으면 좋겠다.

*

그런데 지금에 와서 생각해보니 이런 생각이 든다. 과학 선생님이 어쩌면 나의 꿈의 방향을 명확하게 짚어주신 고마운 분이 아닌가. 재능이 없는 쪽으로 무턱대고 계속 나아갔다면 지금의 나는 어떠한 모습으로 살고 있을까. 또 이런 생각도 든다. 과학자의 꿈이 무너져 낙심한 나의 모습을 보고 나서, 수학 선생님을 천사처럼 내게 보내신 분은 과학 선생님이 아닐까 하는 드라마틱한…… 혹시, 이것은 과학 선생님의 큰 그림? 그렇다면 나는 세 분의 선생님을 찾아야 한다!

우리가 어떤 궤적을 그리면서
어떤 아름다움에 닿게 될지
몰라서 좋은 한여름 저녁에
절망의 궤도에서 극적으로 희망의 커브를 튼
김승일 시인 드림.

범인(凡人)과 냄인(犯人)

— S.E.S를 다시 꺼내 들으며

학급마다 평범한 남학생들이 있었다. 그들은 언제든 어디서든 크게 무례하지 않았다. 그들은 대개 이성교제를 하지도 못했다. 그들은 이렇다 할 이유도 없이 어딘지 모르게 좀 부족해 보이는 구석이 있다고 평가되기도 했다. 공부를 잘한다든가 잘생겼다든가 선생님에게 특별히 사랑을 받는다든가 친구들을 휘어잡는다든가 하는, 무엇인가 빛나는 자신만의 무기 하나를 아직 발견하지 못한 어리숙한(?) 모습들을 하고 있었다. 그러니 누굴 두들겨 팬다거나 누군가의 돈을 뺏는 것은 그들에겐 가당치 않은 일이었다. 그렇게 그들은 특별할 것이 없는, 그래서 크게 눈에 띄지 않는 부류였다.

때는 97년. 한국 가요계에 아이돌 그룹 S.E.S가 등장했다. 학교 앞 문방구엔 사진이 동났다. 남학생들은 다이어리에 끼운 유진·바다·슈의 사진을 제 얼굴보다 더 많이 들여다봤다. 바다에서 시작해서 다음엔 유진으로, 다시 바다였다가 마지막엔 슈로, 남학생들의 팬심이 세 명의 소녀 사이를 바쁘게 흘러 다녔다. ⟨I'm your girl⟩로 시작했던 열정이 ⟨Dreams come true⟩에 다다랐을 때, 수염이 부숭부숭 난 형님 포스의 남학생들이 귀엽게 춤을 추면서 노래를 따라 불러도 꼴사납지가 않았다. 그 시절의 나 또한 평범한 대다수의 남학생들처럼 S.E.S 2집을 너무나도 사랑했다. 나는 ⟨Dreams come true⟩ 중간쯤에 등장하는 기계음 섞인 랩 소절을 하나도 틀리지 않고 반복해서 따라 부를 수 있었다. 그렇게 우리는 한마음이 되어 S.E.S를 사랑했다. 이건 남학생들 사이에서 벌어지는 모든 불쾌하고 모욕적인 사건들을 비집고 나온 어떤 크나큰, 귀엽고 깜찍한 사건이었다.

그 당시 IMF로 인한 경제 위기 속에서도 사라지지 않는 두 가지의 현상이 있었는데, 하나는 S.E.S, 베이비복스, 핑클에 대한 남학생들의 열정이었고, 또 다른 하나는 명문대 진학을 위한 입시교육 열풍이었다. 우반③ 담임들은 거의 매일 명문대 진학에 대한 열망을

---

③ 1학년 때 성적으로 우리는 우열이 가려졌다. 우리는 그걸 건널 수 없는 강이라고 불렀다. 이후 보편화된 인터넷 세계에서 '넘사(벽)'이라는 단어가 크게 유행했다. 말이 현실을 따라가는 걸까. 현실이 말을 따라가는 걸까. 우리 사회에 건널 수 없는 강과 넘을 수 없는 사차원의 벽이 참 많아진 것 같다.

교실에서 외쳐댔다. 정문에 걸린 플래카드에는 소위 명문대학에 들어간 우수한 남학생들의 이름이 주욱 올라와 있었다. 거기에 이름을 올리지 못한 거의 대다수의 남학생들은 각 반 교실에 앉아 밤 10시가 되도록 평범하기만 한 자기 자신을 견뎌야 했다. 솔직히 평반④의 남학생들 거의 대다수는 입시 체제의 학교 담장 안에서 조용히 순응하는 길을 택했다. 생각해보면 97년, 아니 98년도 그랬고, 내가 수능을 치러야 했던 그때에도, 거의 대다수의 남학생들은 평범을 벗어나지 못했다. 야간자율학습의 답답함을 그 어떤 기발한 생각으로 달랠 수 있단 말인가. 유진은 예뻤고, 바다는 노래를 잘 불렀고, 슈는 매력적이었지만 우리들의 삶은 가면 갈수록 입시 경쟁에 의해 짓눌렸다. 말

④ '우반'의 반대편 세계다. 보통 '열반'이라고 하지만, 인정상 '평반'으로 높여 부르기도 했다. (그때는 그렇게 교육받았기에) 당연하게도 평반이 왜 열반인지 바로 이해가 되었다. 우반과 열반을 대하는 학교구성원들의 태도가 완전히 달랐다. 애정의 온도 또한 완전히 다를 수밖에 없었다. 우반과 열반의 성적을, 태도를 직접적으로 비교하면서 열반의 학생들 전체를 인격적으로 깎아내리는 언행들이 참으로 많았다. 평범한 대다수의 학생들이 모멸감을 느끼면서 교육받았다. 열반의 공부 안 하는 학생들을 시시로 때때로 조롱하는 감이 있었는데, 모든 성적 번뇌의 얽매임에서 벗어나 입시와 진학 세계에서의 자유함을 체득한 경지를 '열반에 들었다'고 일컫는 자들도 있었다. 지금에 와서 생각해보면 평반이 왜 열반이어야 했는지 이해가 잘 되지 않는다. 추측해 보건대 이러한 비인격적인 언행들로 인한 스트레스가 쌓여 학교폭력의 기저 에너지로 응축되고 있었던 것은 아니었는지……. 사람들이(학교구성원들이) 어떤 능력이나 결과나 성과를 넘어 서로에게 조금 더 따뜻하고 다정했으면 좋겠다. 서로를 무시하거나 조롱하고 폄하하기보다는 서로를 존중하고 격려하며 진심으로 응원했으면 좋겠다.

그대로 평범한 남학생들은 평범의 현실을 조금씩 알아가는 중이었다. 그리고 나 또한 그 평범에 속하는 특별할 것이 없는 한 명의 남학생이었다. 그런데 나는 왜인지 그런 평범이 좋았다. 야간자율학습 때마다 평범한 남학생들과 함께 김치볶음밥을 몰래 까먹는 풍경 같은 것이 좋았다. 그들 틈에 함께 끼어있을 수 있다는 사실이 그저 좋았다.

사실 나는 그 당시에 '입시'와 '학폭'이라는 이중고를 겪고 있었다. 입시는 공공연하게 드러난 스트레스였고, 학폭은 은밀한 스트레스였다. 가해 학생에게 부탁을 했다. 다른 남학생들이 좀 모르게 했으면 좋겠다고……. 가장 힘들었던 것은 매일매일 해야 했던 '빵셔틀' 운전이었다. 나는 우주를 사랑했기 때문에 스페이스셔틀에 타보는 것을 꿈꾸었으나, 현실에서 내가 탄것은 빵이나 나르는 빵셔틀이었다. 학폭 피해자로서의 삶은 심각하게 고단했으나, 좋아하는 음악 속에서나는 작은 자유를 느꼈다. 때론 노래를 들으면서 시비슷한 것들을 떠올리기도 했다. 현실을 바라보면 기분이 별로 좋지 않았지만, S.E.S의 노래를 듣고 있으면 그래도 잠시나마 다른 세계를 꿈꿀 수 있었다. 그때까지도 나는 내가 평범한 한 명의 남학생이라고 생각했다. 그 사건이 벌어지기 전까지는.

반 전체 45개의 사물함 중에서 나의 사물함만 박살이 나 있었다. 체육 활동을 하고 교실로 들어온 후 다시 교복으로 갈아입으려고 사물함에 다가갔을 때, 솔직한 마음으로, 나의 사물함만 부서져 있는 것이 진심으로 쪽팔렸다. 사물함에 꽂아둔 내가 아끼는 소설책들이 강제로 꺼내어져 갈기갈기 찢겨졌을 때, 그 시절 순수하게 문학을 아끼는 나의 마음 또한 송두리째 짓밟히는 기분이었다. 부서져 너덜거리는 사물함 철제 문짝을 가해 학생들이 차례로 발로 걷어차면서 지나갔다. 듣기 싫은 금속성이 귓가에 닿을 때마다, 교실 바닥에 뒹굴고 있는 찢겨진 소설책들처럼 나의 마음도 동시에 찢겨나가는 것 같았다. 폭력에 저항할 수 없는 내가 부끄러워, 아니 그보다 다수의 친구들 앞에서 수치를 당하는 내가 부끄러워, 얼굴이 빨갛게 달아올랐다. 그런 나의 모습을 관찰하면서 가해 학생들은 점점 더 즐거운 표정을 지었다.

힘없음에 대하여, 잘 안 되는 공부에 대하여 고민하는 일들이 많았다. 한번은 나의 인생에 크나큰 자국을 남기는 사건이 발생했는데, 가해 학생 한 명이 나의 집까지 찾아와서 나를 겁주고 모욕했다. 패드립이란 것을 처음으로 경험하기도 했다. "너네 엄마를 ○○할 수도 있어"라는 말을 내 방에서 들었다. 편안하게 쉬어야 할 나의 방에서 위협당했을 때, 내 안에 늘 존재했던 소중한 믿음 하나가 조용히 빠져나가는 걸 느꼈다. 그렇게 학교폭력이라고 이름 불리는 몇 개의 사건들을 차례로 겪은 뒤, 나는 조금씩 달라졌다.

내가 평범한 남학생들과 많이
다르다는 걸 알게 되었다.

평범한 남학생들은 그런 나를
'찌질이'라고 불렀다.

매일 놀림을 당하고 현기증이 날 정도로 수치를 당해도 나는 많이 웃던 남학생이었다. 그 모든 것이 평범의 힘이었다. 평범에 섞일 수 있다는 사실. 평범한 학생으로 묶일 수 있다는 희망. 평범한 학생들이 동일하게 평범한 나를 언제나 친구로 받아줄 거라는 안도감. 그러나 나는 누가 봐도 평범한 남학생이 아니었다. 함께 공부하고 함께 놀던 남학생들의 눈빛이 달라지기 시작했다. 수군수군하는 목소리가 내 귀에 비로소 들리기 시작했다. 나를 좋아했던 한 남학생이 나를 벌레 씹은 표정으로 보고 있었다. 내가 선물해준 문제집을 찢어서 내가 앉아있는 쪽으로 던져버렸다. 나 보라고 일부러 그랬다. 찌질한 나와 사소하게라도 연결되어 있다는 사실 자체가 부끄럽고 더럽게 느껴졌을까. 몇몇 남학생들이 그 모습을 목격하고 나서 와하하하고 동시에 웃어젖혔다. 굉장히 재미있는 사건이 우리 교실에서 벌어졌다고 믿는 눈치였다. 나의 얼굴이 터질 듯이 붉어졌다. 공부를 잘하거나 싸움을 잘해야 어떤 존재감이 생기는 남학생들의 작은 교실에서, 내가 특별히 평범 이하의 역할을 도맡아 하는 것이, 윤리적으로 나쁜 것은 아니었다. 그러나 나는 무언가 단단히 잘못한 사람처럼 거기에 외롭게 혼자서 엎드려 있어야 했다. 누가 '찌질아~!'라고 금방이라도 소리쳐 부를까 봐 울지도 못했다.

그런데 말이다. 나 같은 남학생들이 학교에 더 있었다. 잘 살펴보면 반마다 한 명쯤은 있었다. 남학생을 결국 창문 밖으로 뛰어내리게 한 남학생들은 웃으면서 학교를 다니는데, 정작 창문으로 뛰어내린 남학생은 학교를 왜 떠나게 되는 걸까. 착하기만 했던 그는 왜 기어코, 고통받았던 기억들을 끌어안고 제일 먼저 창문 밖으로 뛰어내렸던 것일까. 그런 창문들은 그 시절 나의 마음속에서 영영 닫히질 않았다. 그런 창문으로 교실 바깥의 풍경을 내다본들 기분이 나아질 리가 없었다. 나의 현실에도 변화가 없었다. 아닌 것을 아니라고 말할 수 없었으니까, 말 그대로 평범 이하의 세계였다. 내가 더 많이 때리고 내가 더 많이 괴롭혔다고 잘난 체하는 가해 학생들 틈에서, 나는 매일매일 나의 평범을 되찾기 위해 몸부림쳤다. 그럴 때마다 나는 하나의 찌질이일 뿐이어서, 자주 무기력했다. 가해 학생 하나가 다수의 남학생들이 보는 앞에서 나에게 "비겁한 새끼!"라고 손가락질을 했다. 세상에, 피해자는 심지어 비겁한 새끼가 되는 거구나. 요즘 세상에선 그걸 가스라이팅이라고 부른다. 일방적인 폭력의 힘은 실로 막강해서, 실제로도 나는 나를 비겁하다고 생각하기 시작했다. 그렇게 평범 이하로 낙인찍히는 순간마다 큰 모멸의 구렁텅이에 빠질 것만 같아서 늘 마음을 졸이고 있었던 게 나였다.

사실 나는 학생 시절 내내 평범한 남학생들에게 평범한 친구로서 인정받고 싶었는지도 모르겠다.나는 내가 좋아하는 사람들을 정말로 소중하고 귀하게 생각했다. 나의 CD플레이어에서 내가 좋아하는 노래가 흘러나오면 나는 옆 친구인 너의 귀에 자꾸 한쪽 이어폰을 끼워주었다. "예에에에~ 너를 사랑해 나의 마음이~ 오오오오 너를 생각할수록! 나는 행복해 다른 누구도 오오 오오오오 난 부럽지 않아~" 나는 S.E.S의 노래가사처럼, 그렇게 너와 친해지고 싶었다. 그뿐이었다. 그래서 너에게 그렇게 빵과 우유를 사다가 날랐는지도 모르겠다. 나 또한 네가 건넨 이어폰을 내 귀에 꽂고, 잠시 잠깐 머리를 함께 흔들어보는 것을 꿈꾸었나 보다. 그러나 내가 친구라고 생각했던 너는 운동장 한 구석의 사각지대로 나를 끌고 갔었다. 나는 그 외로운 폭력의 공간에서 내가 갖고 싶었던 모든 평범을 내려놓은 채 평범하지 않게 폭행당했다. 폭행을 당한 후, 너만큼 무서웠던 것이 있었다. 폭행에 가담하지 않은 평범한 남학생들이었다. 그들의 싸늘한 눈빛이었다.

그들은 여전히, 나를 '찌질이'로 호명했다.
나의 '이름'은 평범의 그룹에서 영원히 지워져버렸다.

그들 모두를 폭력의 방관자나 또 다른 가담자로 규정할 수 있을까. 다함께 평범했던 그들 모두를 내 삶에서 지워버리면, 정말로 혼자가 되는 것은 아닐까. 나는 책상에 어두컴컴하게 엎드려 있었다. 혼란스러운 시간들을 오랫동안 흘려보내야 했다. 누군가에게 상처를 줄 필요가 전혀 없었던 평범한 남학생들은, 평범한 척 각자의 교실로 들어갔으나, 더는 평범하지 않은 각자의 얼굴로 교실을 빠져나갔다.

한때 S.E.S 노래를 들으며 함께 즐거워했던 귀여운 범인(凡人)들은 왜 결국 차가운 범인(犯人)들이 되어버렸을까. 무엇이 그들을 바꾸어버린 것일까. 입시일까, 학폭일까. 둘 다일까? 혹시 둘이 긴밀하게 연결되어 있는 것은 아닌지.

요즘도 마음 아픈 날엔 S.E.S의 〈달리기〉란 노래를 듣는다. 40대 아저씨가 되었는데도, 일상의 폭력과 연결되어 눈물 날 때가 있다. 폭력은 왜 끊어지지 않을까. 사마귀 뱃속에 잔뜩 들어가 있는 연가시들이 잘 끊어지지 않는 것처럼. 폭력은 왜 다음의 폭력으로 더 치밀하게 이어지는가. 폭력은 폭력에 기생하니까 그렇다. 내가 사랑했던 평범한 남학생들이 폭력에 기생하지 않았다면, 우리는 조금 다른 졸업식을 맞이할 수 있었을까. 우리들의 평범을 지키기 위해서는 어떤 노력들이 필요한 걸까. 노력하면 변화되긴 하는 걸까? 나는 영원할 것 같은 폭력에 끝이 있기를 희망하면서 내일을 또 내일을 기다린다. 나의 사물함은 여전히 박살나 있고, 세계는 아직도 전쟁 중이다. '죽음' 다음에도 끝나지 않는 '폭력'. 오늘도 조금 울적해, 플레이버튼을 누른다. S.E.S 누님들이 외롭고 힘들었던 나의 마음을 많이도 다독여주셨다는 생각.

땡곡을 들으며 글을 마친다.

S.E.S 5집에 수록된 〈달리기〉, 위급과 응급의 시간을 건널 때마다 이 노래를 양쪽 귀에 앰뷸런스의 사이렌 소리처럼 흘려보낸다. 세상의 어떤 노래는 나를 구하러 온다는 생각이 든다. 들을 때마다 똑같은 가사인데도, 들을 때마다 진통제처럼 녹아든다.

"지겨운가요. 힘든가요. 숨이 턱까지 찼나요. 할 수 없죠. 어차피, 시작해버린 것을"로 시작하는 노래. 폭

력에 굴복할 수 없으니, 폭력에 저항하기로 했으니,
여기서 "창피하게 멈춰 설 순 없"는 일이다. 그런데 정
말로 노랫말처럼, 우리 일상의 폭력에도 "틀림없이
끝이 있"을까? 언제부터 시작되었는지 모를 이 지긋
지긋한 폭력의 계주에도 반드시 끝이 있겠지……. 오
늘의 우울이 짙어, 나는 노래를 반복해서 듣는다.

　　나에게 시 쓰기란, 간곡한 희망을 반복 재생하는 일
이 아니었을까?

　　노래를 들으면서 다시 생각해본다. 귀엽고 깜찍하
게 때론 앙증맞게 '아임유어걸'이나 '오마이러브'를
불러댔던 평범한 남학생들을. 그 안에서 벌어졌던 그
러나 비범한 폭력에 묻혀 누락됐던 수많은 이야기들
을, 나는 지금 하나하나 시로 써내고 있다. 나는 그 무
지막지한 폭력을 뚫고, 기어코 시인이 되었다. 나를
팼던 애들은 지금 뭐하며 살고 있을까? 사람들에게
인심 좋은, 어느 동네의 마음 따뜻한 아저씨가 되어있
을까? 또는 사랑스러운 가족들을 세상의 폭력으로부
터 잘 지켜내고 있는, 좋은 아빠가 되어있을까? 그들
은 범인(凡人)일까, 범인(犯人)일까?

평범을 지켜낸 그들은 다 잊었겠지만, 평범 이하였던 나는 잊지 않았다. 아직도 낡어지지 않는 폭력의 궤적이 우리 삶에 끈질기게, 교묘하게 잇대어져 있다는 것을.

학교에서 학교로,
지면(紙面)에서 지면(地面)으로

–학교폭력 피해자에서 학교폭력예방근절운동가로

고등학교 시절, 절친한(?) 친구가 나에게 귓속말을 했다. "승일이, 오늘 좀 맞아야겠네." 예감했던 말이었다. 더는 맞기 싫다고 했다. 친구의 얼굴에서 비웃음이 쏟아졌는데, 그의 대답을 지금도 잊을 수가 없다. "그럼 승일아, 친구들이 많은 데서 쪽팔리게 맞을래, 아니면 저어기 운동장 귀퉁이 아무도 없는 데서 몰래 맞을래?" 몸이 부르르 떨렸다. 친구를 조용히 따라나섰다. '친구'란, '가깝게 오래 사귄 사람'이 아니었다. 친구란, 가깝게 오래 사귀었기에 '약점까지 속속들이 아는 사람'이었다. 운동장 한구석으로 끌려가는 동안 나의 심장이 터질 것처럼 뛰고 있었다.

그 터질 것 같은 심장 소리가 친구에게 들릴 것 같아, 두려웠다. (그에게 들렸을 거라 생각했다) 심장 소리가, 친구에게 애원하고 있었다. 날 좀 제발 내버려

두먼 안 되겠냐고. 이제 그만 좀 때리라고. 그냥 아무 일도 없었던 것처럼, 교실로 돌아가면 안 되겠느냐고.

운동장 한구석의 사각지대에 놓인 벤치에 우리는 도착했고, 친구는 나를 거기에 앉혔다. 두려움에 덜덜 떨고만 있던 나에게, 친구가 물었다. 할 말이 없느냐고. 줄곧 폭행을 당해온 한 인간으로서 해서는 안 되는 말을, 나는 그 순간 해버렸다.

"너… 너랑 다시, 치… 친하게 지내고 싶어."

두려움에 흠뻑 짖은 나의 눈을 들여다보면서, 친구는 피식피식 웃었다. "병신!" 하고 짧게 소리쳤다. "병신아! 병신!" (그 욕설에 깃든 특유의 발성을 나는 지금도 기억한다) 갑작스럽게 첫 주먹이 날아왔다. 얼굴을 세게 맞았다. 공포는 천둥 같았고, 통증은 번개 같았다. 번쩍 번쩍. 콧등으로부터, 피 냄새가 흘러내려왔다.

친구의 주먹질로부터 도망칠 수가 없었다. 날 때린 친구의 얼굴을 쳐다볼 수가 없었다. 자신의 얼굴을 자구 쳐다보라는 친구. 나는 친구의 얼굴을 보는 대신 꽃을 보았다. 4월이었다. 담장마다 피어있는 꽃을 보면서 통증을 잊어보려 했다. 폭력으로부터의 도피. 화사한 꽃들이 매달려있는 허공. 거긴 어쩌면 참혹한 현실로부터 내가 도피할 수 있는 유일한 장소였다.

내가 가장 멀리 달아날 수 있었던 순간은, 역설적으로 그 친구가 나를 때린 직후였다. 맞고 넘어졌을 때. 휘청휘청 고통을 호소하고 울음을 터뜨릴 때, 그대로 도망치고 싶었다. 그러나 끌려가듯, 그에게로 걸어갔다. 그는 자신이 저지른 모든 폭력을 처음부터 다시 시작하기 위하여 나를 그 자리로 거듭 불렀다. 힘이 셌다. 체구가 컸다.

친구는 누군가와 한번 싸우면 코뼈가 부러질 정도로 때렸다. 이미 겁에 질린 남자애를 발로 꺾은 대걸레 자루로 흠씬 두들겨 패는 장면을 봤다. 소름이 끼쳤다. 그날부터 그에게 대적하는 애들은 없었다. 그는 내가 읽고 있던 책을 찢어발기거나, 아직도 내게 남아 있을 것 같은 새로운 모욕감을 기어코 불러내곤 했다.

나는 그에게 표적이 되어버렸다. 그의 힘에 '굴복' 당했다. 나는 4월의 교실 속으로 다시는 들어갈 수가 없었다. 몸은 들어갔으나, 마음은 딴 데로 피난 가버렸다. 나는 낯선 나라에 처음 도착한 난민처럼 몸을 자주 떨었다. 그리고 그 친구가 준 고통 속에서 매일 몸부림쳤다. 그는 내게 귓속말을 했다.

"네가 괴로워하는 것이 즐거워."

화사한 폭력

얼굴을 쳐다볼 수 없었다 날 때린 너 날 끌고 온 니 친구였다

얼굴을 쳐다봐 새끼야 그림자 속에서
너의 목소리 주먹 날아올 때
나는 담장을 넘는 공을 보았다
수풀 속으로 들어간 공을 상상했다

심장 소리가
날 때린 너에게 들렸을 거라 생각했다

심장 소리가
날 때리는 너에게 애원하고 있었다

눈물이 되었다 아교가 되었다
곁눈질로 자목련을 보았다 바람에 날리는
개나리꽃들이 있었다

할 말이 없냐고 너는 물었다
친하게 지내고 싶어 나는 대답했다

꽃대가 휘어졌다

꽃대가 사방으로 휘어져 깊이깊이 나를 찔렀다

어떤 힘으로 나는
나를 예감했을까
멀리 날아온 꽃잎 하나가 너를 스치고 비스듬히
지나가는 풍경으로부터

운동장에 얼굴을 처박는 꽃잎들
끌려온 자목련 끌려 나온 개나리를

나뭇가지 안에 넣어 두고 싶었다
사월의 담장 안으로 거두어 주고 싶었다

나는 너의 신발 뒤축만 살짝 보았을 뿐인데
귀가 뜨겁고 얼굴이 노랬다
햇빛 속 운동장을 가로질러

날 끌고 나온 너
같이 밥을 먹던 너

갔다 교실 안으로 들어갔다
수많은 발이 타격하는 축구공처럼
꽃들은 흙먼지를 뒤집어썼다

다시는 들어갈 수 없는 사월이었다

　나의 첫 시집 『프로메테우스』에 수록된 시 「화사한 폭력」은, 개인적으로 절절하게 바라보는 시이다. 가장 고통스럽기 때문에 가장 절박할 수밖에 없는 실체험이 이 시에 담겨있다. 학교폭력에 관련된 강연을 할 때, 이 시를 빼놓지 않고 낭독한다. 내가 진심으로 몰입해서 낭독하는 시 중에 하나이다.

나의 '시 낭독'은 학교폭력으로 비롯된 한 학생의 고통을 공동체적 공감의 영역으로 확대하려는 데 목적이 있다. 한 학생이 폭력으로부터 심각한 신체적·심리적 외상을 얻었다고 해보자. 폭력으로부터 자주 환기되는 감각들은, 피해 학생의 내면에 갇혀있을 때, 그가 받았던 고통 이상의 의미로는 절대로 확대되지 않는다.

일반 학생들은 피해 학생의 고통에 무감각하다(직접적인 폭력의 피해 경험이 없는 대부분의 사람들이 마찬가지일 것이다). 그러므로 관심의 사각지대에 놓인 피해 학생만 고통 속에 갇혀있게 된다. 어느 해 겨울, 신문 기사를 보았다. 초등학교 6학년 학생이 유서를 품고 아파트 7층에서 투신했다는 내용이었다. 나는 버스정류장에 주저앉아 울었다. 정녕 아이의 이야기를 진심으로 들어줄 귀가 하나도 없었단 말인가. 아이의 위급한 이야기를 듣고 나서 골든타임 안에 응급의 조치를 취해준 어른이 단 하나도 없었단 말인가. 13살이면 이 세상의 아름다움에 감동해야 할 나이라고 생각했다. 그런 아이가 어른들의 심부를 찌르는 한 마디 문장을 남기고 투신했다.

"어른들은 좋은 말만 하는 선한 악마예요."

투신하기까지 얼마나 무섭고 외로웠을까. 나는 (도저히) 가만히 있을 수가 없었다. SNS를 시작했다. 나의 심정을 글로 써서 매일 올렸다. 그렇게 시작된 학교폭력과의 투쟁은 시집을 넘어 더 현실적인 세계로 넘어오게 되었다.

학교로 더 많이 찾아갔다. 첫 번째 시집에 수록된 「화사한 폭력」을 지금도 낭독한다. 두 번째 시집 『나는 미로와 미로의 키스』에서는 「우리, 미안하다고, 하자」 연작들을 낭독하고 있다. 제목에서도 알 수 있듯이 학교 폭력을 방관했던 우리의 과거를 반성하고 고발하는 동시에, 피해 학생의 고통과 가해 학생의 폭력성을 구체적으로 묘사한 시편들이다. 어제도 학교에 찾아가서 시집 속 작품들을 절절하게 낭독했다. 나는 폭력의 부정적 의미들을, 더 나아가 폭력을 막아내는 다정의 힘을 더 넓은 토론의 장으로 끌고 나오려고 노

력한다. 이 글을 읽고 계신 분들은 물어보고 싶을 것
이다. "실제로 시 낭독은 효과가 있나요?" "네 있습니
다." 나는 여러 학교 현장에서 폭력의 참혹함을 최대
한 문학적으로 전해주려고 매번 노력한다. 물론 교육
대상이 어린 학생들일 때 끔찍한 표현은 삼간다. 학생
들은 질문을 하나 둘 하기 시작한다.

"시인님, 왜 꽃을 쳐다보셨나요? 왜 담장을 넘어간
공을 상상하셨나요? 시인님을 폭행한 친구는 그 후에
어떻게 되었나요? 학교폭력으로 인한 마음의 상처가
지금도 크게 남아있으신가요?"

이러한 질문은 나에게만 던지는 것이 아니다. 학생
들이 학생들 스스로에게, 또는 옆 자리에 앉은 친구에
게 던지는 이런 질문들은 (그 교실 밖에 있는) 모든 교
육구성원들에게 던지는 질문으로 확대된다. 우리는
학교폭력에 대한 거의 최초의 고민에 휩싸이게 된다.

'그것이 그렇게 고통스러운 것이구나. 그것이 그렇
게 사람을 아프게 하는구나. 내가 친구를 아프게 했
구나.'

누군가를 아프게 했던 친구가 그 현장에 있을 수도 있다. 참관하신 선생님도 생각이 많아질 수밖에 없다. 꺼내야 하지만, 꺼내기 불편한 이야기를 문학적으로 하는 것이 '학교폭력'에 진정한 변화를 가져다준다고 믿는다. 폭력의 부정성을 더 진지하게 고민하는 학생들이 많아지는 게 눈에 보인다. 실제로 가해 학생은 내 앞으로 나아와 '반성'의 목소리를 전하고, 피해 학생은 나에게 조심스럽게 다가와 '다시 살아갈 힘을 얻었다'고 고백한다. 진실로 그런 일들이 점점 많아진다. 시 낭독 강연을 마치고 돌아가는 열차 안에서 학생들의 DM을 연달아 받기도 한다.

"시인님의 시 낭독과 강연을 통해서 많은 것들을 배우고 깨닫게 되었습니다. 앞으로는 제 주변에 책상에 엎드려 있거나 소외된 친구들이 있는지 잘 살펴보겠습니다. 조금 더 다정하고 따뜻한 마음을 가지고 살아가겠습니다. 시인님을 다음에 또 뵐 수 있다면 좋겠어요."

"시인님, 강연을 잘 들었습니다. 강연이 끝난 후에 저도 질문을 하고 싶었는데, 질문하는 친구들이 너무 많아서 손을 들지 못했습니다. 아쉽지만 시인님의 시집을 꼭 사보겠습니다. 사실 제가 얼마 전에 친구들과의 다툼으로 친구들이 저를 크게 오해하는 일이 있었습니다. 그게 너무 큰 상처가 되었었는데, 시인님의 강연을 듣고 지금은 친구들이랑 오해를 풀고 괜찮아졌습니다. 감사합니다. 시인님 사랑합니다."

"저는 학교폭력 피해 학생입니다. 다른 학생들이 저를 많이 싫어하고 저에 대한 뒷이야기를 많이 해요. 하루하루 힘든 날이었어요. 그래서 제 몸에 상처를 내면서도, 저는 항상 웃으려고 하고, 얼굴에 웃음을 머금고 지냈어요. 멘탈이 깨져가는 날들이었는데, 시인님을 만나게 되었습니다. 좋은 강연으로 좋은 말씀해주셔서 큰 힘을 얻었어요. 지금은 열심히 노력하면서 살아가고 있어요. 감사하고 존경합니다."

"학교폭력을 당하셨는데도, 그 아픔을 시로 바꾸어내셔서 대단하다고 느꼈어요. 삶을 살아가면서 어둠을 만나더라도 힘을 내어 빛으로 가야 한

다는 걸 오늘 알게 되었어요. 어둠으로 기울어진
모든 사람들이 자꾸자꾸 빛을 향해 걸어갈 수 있
다면, 그런 세상이 왔으면 좋겠어요."

미소가 지어진다. 괜찮아졌다는 말에, 한편으론 괴
로운 날들이 많았다는 말에 갑자기 울컥 눈물이 나기
도 한다. 자기 스스로를 단단하게 다져가는 말에, 연
약의 시절을 지나는 모든 소외된 타인을 위로하고 응
원하는 말에 깊은 감동을 받기도 한다. 너희들 모두가
일상의 폭력으로부터 안전했으면 좋겠다. 서로가 서
로를 조금 더 다정하게 바라보면서, 오래오래 지켜주
었으면 좋겠다. 우리 또 보면 좋겠다. 우리가 서로를
지켜주면서 함께 건강하게 살아간다면 언젠가 꼭 다
시 만날 수 있을 거야. 핸드폰 화면을 차창처럼 들여
다보면서 나도 DM을 보낸다. 희망으로 가득한 답장
이 오고 간다. 학생들이 살아나는, 자라나는 소리가
들린다. 내 안에서 어떤 귀가 열렸나 보다.

최근에는, "다시 힘껏 살고 싶어졌다"라고 고백하
는 스무 살의 여성을 만나기도 했다. 일진들에게 매일
매일 괴롭힘을 당했던 그는 고3 때 밥조차 편히 먹지

못했다고 했다. 일진들이 그의 머리 위로 식판을 뒤집어 음식을 부어버리는 일들이 잦았다고. 그런 그가 나의 시집을 읽고 나서 희망을 찾았다고 말했다. "살아가고 싶다"는 그 말을, 나는 꽉 붙잡았다.

우리는 거울 조각 같다. 우리는 거울의 각도를 조금씩 틀어 타인에게 빛을 내어줄 수 있다. 함께 환해진다. 이렇게 사람들은 서로에게서 반사되는 빛으로 연결된다. 다시 말해 사람들은 서로에게 빛을 내어주면서 함께 치유된다. 결국 사람은 반사되어 온 사랑을 다시 사랑으로 반사해낼 때, 그렇게 자신의 빛을 내어줄 수 있는 사람과 거듭 만나며 함께 빛날 때, 비로소 진정한 의미의 성장과 성숙에 이를 수 있다.

삶의 성장이란, 그리고 삶의 성숙이란, 결국 나에게서 너에게로, 더 많은 사람들에게로 사랑을 확장해 나가는 일이다. 폭력을 눈으로 똑똑히 확인하고도 그건 폭력이 아니라고 방관하고 묵인하는 일, 그렇게 가해자들의 눈치를 보면서 폭력적으로 찍어 누르는 일에 가담하고 동조하는 일은 삶의 성장이나 성숙과는 거리가 멀다. (참고로 폭력을 선명하게 대면하고 나서

도 조용히(가만히) 있어야 한다고, 그게 성장과 성숙
이라고 가르치는 몇몇 선배들이 있었다) 성장과 성숙
에 이른 인간의 마음이란 어떤 것인가? 폭력으로부터
스스로를 지켜내려는 마음이고, 폭력으로부터 누군
가를 지켜내려는 마음이다. 이러한 마음이 모든 폭력
을 예방하는 기초가 된다고 나는 믿는다.

　혼자서 외로웠을 저 피해자의 상황을 조금만 일찍
알았더라면, 사회적인 안전망이 있어 피해자를 가해
자와 재빨리 분리시킬 수 있었더라면, 그것이 안 된다
면 어두컴컴한 곳에 갇혀있었을 저 피해자의 마음에
햇빛 같은 위로라도 건넬 수 있었더라면, 하고 뒤늦게
안타까워하는 일들이 우리 사회에서 점점 줄어들기
를 바라는 마음이다. 이와 비슷한 마음을 가진 사람들
이 많아지면 많아질수록 폭력 없는 세상을 구체적으
로 꿈꾸는 사람들 또한 점점 더 많아질 것이다. 그런
의미에서 나는 일상의 모든 폭력에 유의미한 제동을
걸 수 있는 (모든 간곡한) 예방 활동의 효과를 믿는다.
소금 한 톨이 들어갔다고 해서 컵 속에 담긴 물이 바
로 소금물이 되는 것은 아니다. 그러나 소금 한 톨 한
톨이 계속해서 그 컵 속으로 들어간다면, 그 물은 언

젠가 누가 봐도 소금물이라고 명명할 수 있는 상태가
될 것이다.

학교폭력예방근절의 간절함 가운데서, '감동'하는
사람들을(학생들을) 자꾸 만나게 된다. 우리가 잘 알
고 있듯이 우리 마음 가운데 생겨난 어떤 '울림'은 놀
라운 삶의 변화를 이끌어낸다. 한 가해 학생은 여러
교육 관계자와 피해자그룹이 함께한 '공동체대화'에
참여해서 이렇게 말했다.

"저에게 진심으로 감동을 주는 선생님께 저는 함부
로 할 수가 없었어요."

학생들에게 진심으로 감동을 준다는 것은 어떤 것
이었는가. 나는 더 곰곰이 생각해보는 동시에 초심으
로 돌아가 가장 본질적인 질문을 스스로에게 던져본
다. '학교폭력 예방과 근절'에 나는 왜 그렇게 매달리
고 있을까? 4월의 꽃처럼 피어나는 그 폭력의 계절로
부터, 다시는 도망치고 싶지 않기 때문이다. 가해자든
피해자든, 그들을 한 명이라도 줄여보려고 오늘도 몸
부림치고 있다.

폭력을 예방할 수 있다고 믿으면서, 그 믿음을 연결해나가는, 그렇게 치유하고 성장해나가는 다정한 사람들이 우리 주변에 자꾸자꾸 많아졌으면 좋겠다. 나는 오늘도 그들과 간절하게 연결되고 싶어, 이 글을 쓴다.

* 글을 마치며

나는 학교에서 아팠지만, 다시 학교로 돌아올 수 있었다. 시 쓰기의 힘 덕분이었다. 내 몸에 각인된 폭력의 고통을 사유하며 계속 포기하지 않고 썼다. 나의 이야기를 너에게 전하려고 몸부림쳤다. 그날의 수치와 고통을 어루만지는 꽃들이 내 안에서 지속적으로 피어날 때마다, 나를 괴롭히던 그해 4월의 봄이 새롭게 해석되었다.

시집을 가슴에 품고 내일도 학교를 찾아간다. 나의 시는 '지면(紙面)'에서 '지면(地面)'으로 확장된다. 내가 '시'에서 했던 말을, 나는 '삶'에서도 지켜내고 싶다. '쓰는 삶'과 '사는 삶'을 최대한 일치시켜 나아가고 싶다.

나는 예전에는 한 명의 아이가 죽었으니 지구 전체가 망했다고 생각했다. 그러나 지금은 생각이 많이 달라졌다. 한 명의 아이를 살리는 것은 지구 전체를 살리는 것과 같다. 내가 존경하는 한 선생님이 내 가슴에 넣어준 말이다. 그 따뜻한 마음을 품고 나는 오늘도 마음 아픈 학생들에게 닿고자 한다. 분명히 지금도, 사각지대에 엎드려 우는 아이가 있다. 분필 가루를 등에 하얗게 묻힌 채 소리 없이 울고 있는 한 아이가 어두컴컴한 교실마다 엎드려 있다. 그 아이는 마음의 문을 걸어 잠그고 이렇게 혼잣말하고 있을지도 모른다. 이 마지막 고백은 그 아이의 유언이 될 수도 있다.

"폭력은 끔찍하게 보기 싫은 얼굴을 하고 있어요. 언제든요. 어디서든요. 당신은 제 이야기를 들어주실 수 있나요?"

당신이 만약 "응"이라고 대답해준다면……. 당신은 그 아이의 그렁그렁한 얼굴을 볼 수 있을 것이다. 당신은 비로소 그 아이가 '죽음'보다 '삶'에 가까워지는 것을, 더 많은 사람들과 함께, 오랫동안 바라볼 수 있을 것이다.

끝으로 전해드리고 싶은 소식 하나가 있다. 앞서 보

어드린 시 「화사한 폭력」의 공간은 이제 나 혼자서 아파하며 어두컴컴하게 엎드려 있는 외로운 공간이 아니다. 수많은 사람들(독자들)이 그 공간으로 걸어 들어와 위로를 해주었다. 새로운 희망을 선물처럼 건네주는 사람들을 어제도 만났다. 때로는 내 시집을 읽은 이름 모를 사람들에게 진심 어린 응원의 메시지를 받기도 한다. 살아주어서 고맙다고. 폭력 없는 세상에서 우리 모두 행복하게 오래오래 살아갔으면 좋겠다고.

나의 시는 이렇게 폭력으로 인한 깊은 상처를 함께 치유해내는, 또 그런 끔찍한 폭력의 공간을 다시는 만들지 말자고 서로에게 다짐하는 문학의 현장이 되었다. 은밀했던 폭력의 현장이 밝은 광장으로 나오게 된 것이다. 지금도 가끔 날아오는 주먹과 발길질 같은 악몽을 꾸곤 하지만, 그런 가해자의 공격을 힘껏 막아서는 '진짜 친구들'이 그 공간에 함께 있다는 걸 온몸으로 느낀다.

새벽에 눈이 떠지면 두근거리는 심장 소리에 나는 조용히 귀를 기울여본다. 나의 심장 소리가 점점 나의 리듬을 찾아가는 것이 느껴진다. 이제는 정상적으로 숨이 쉬어지는 날이 더 많다. 사랑의 힘으로 문학의 힘으로, 내가 조금씩 나아지고 있는 것을 느낀다.

최근에 내가 만난 한 학생의 마음도 그랬으면 좋겠다 (이 학생은 오랫동안 심각한 가정폭력을 경험해 왔다고 내게 고백했다). 갸륵한 마음들을 자꾸 다독여본다. 그도 무수한 폭력의 다른 피해자들처럼 자기 호흡과 리듬을 자주 잃어버렸을 것이다. 그러나 그는 그런 어려운 상황 속에서도 다정한 마음을 지닌 자기 자신을 잘 지켜냈다. 오래오래 뒤척여왔을 그의 아픈 마음들을 깊이깊이 헤아려본다. 다정함을 지켜낸 마음 위에, 다정함을 지켜낸 마음이, 노을처럼 포개어지는 저녁이다.

연약의 시절을 힘겹게 건너왔지만, 용기를 내준 ○○아. 무엇보다 네가 살아있어서 고마워. 너의 개인적인 아픔을 밝고 따뜻한 햇빛 가운데로 잘 꺼내주어서 참 고마워. 너의 책이 물에 흠뻑 젖었었기에 혼자서 말리느라고 많이 힘들었지? 그래서 너의 책이 이전보다는 많이 두꺼워졌지만, 너의 페이지를 이제는 하나하나 넘길 수 있게 되었다고 좋은 소식을 전해줘서 고마워. 햇살 가운데서 오늘도 잘 살아가고 있지? 너의 이야기들을, 너의 활자들을 그렇게 따뜻하게 지켜낼 수 있었다니 많이 대견해. 어디선가 따스하게 불어오는 바람이, 너의 이야기를 앞으로도 조심스럽게 넘겨줄 거야. 그렇게 내가 너의 첫 독자가 될게. 우리 다정과 사랑의 모닥불 앞에서 밤새, 진짜 친구 같은 이야기를 하자.

동그라미 안에 나의 이름을 먼저 적어본다. 그러나 이내 그 빈칸은 두 팔을 벌리듯 넓어져서 너의 이름에 닿을 것 같다. 지금도 어디선가 폭력 때문에 아파, 혼자 엎드려 있을 너에게. (이 글이 온전히 가닿길 바라는 마음이다)

박지음

올봄에 틀니를 새로 하신 나의 어머니
내가 사랑했던 친구
나와 삶을 걸어준 외사촌에게
이 글을 보냅니다.
다음에는 유머를 배워보겠습니다.

바리데기

"어머니 이야기부터 시작해 볼까요?"

전주의 한 행사장에서 나는 김 작가님과 함께 무대에 있었다. 나는 그 행사의 사회자였다. 행사 전날 나는 김 작가님의 책을 다시 읽으면서 엄마와 칼국수를 먹는 장면에서 눈길을 멈추었다. 김 작가님을 가졌을 때 어머니는 아기를 없애려고 갖은 애를 썼다고 한다. 그래도 그녀는 태어났고 오빠들의 옷을 물려 입으면서 자랐다. 그녀는 오빠들의 교육을 위해 열세 살에 공장에 보내졌다. 그 모든 순간을 겪으며 딸인 김 작가님은 엄마와 친정 가족을 돌보고 오늘에 이르렀다. 얼마 전 또 한 분의 오빠를 장례 지냈다는 소식을 들은 터라 나는 가족 이야기를 꺼내는 것이 조심스러웠다.

"제 이야기를 잠깐 하자면, 저는 전라남도 진도 출신이지만 출생신고는 전라북도 김제에 되어있습니다. 진도에서 낳자마자 김제로 옮겨졌지요. 집안이 어려울 때는 저를 남의 집에 주려고도 했대요."

나는 오지랖 넓게 내 이야기를 줄줄 이어가고 있었다.

"제가 집안의 일곱째였거든요. 일곱째 딸이요."

그러자 김 작가님도 말했다.

"저도 일곱째입니다."

김 작가님이 일곱째라는 것은 처음 듣는 말이었다. 오빠들 세 분과 언니가 한 분 있어서 다섯째쯤 되는 줄 알았다. 김 작가님은 작은 목소리로 뒷말을 이었다.

"위에 자식들이 죽어서요."

무대와 객석의 분위기가 숙연해졌다.

"아, 그러셨군요. 저는 저번에 김제에서 주류사업 하시는 분이 계신다고 해서 혹시 그 집에 나를 주었다면 그분이 오빠가 되지 않았을까 생각했어요. 살면서 너무 어려울 때는 차라리 부잣집에 나를 줘 버리지, 했답니다."

농담으로 한 말이었는데 내가 울컥하는 바람에 객석 분위기가 침울해지고 있었다. 나는 아차 싶었지만 이미 엎질러진 물이었다. 내게 쏟아지는 눈빛들 속에서 어릴 때의 풍경이 스쳤다.

　우리 집은 딸만 태어나는 집이었다. 딸을 다섯쯤 낳고 나서 오빠가 태어났을 때 아버지의 기쁨은 이루 말할 수 없었다고 한다. 내가 생겼을 때 엄마와 아버지는 아들 형제를 만들어주려고 나를 낳았다. 또 딸이었다. 아들 옷을 사 온 아버지는 절망했다고 한다. 엄마가 나를 낳자마자 우리 가족은 전라남도 진도에서 전라북도 김제로 이사 갔다. 아버지는 진도에 있던 땅을 다 팔아서 젖과 꿀이 흐르는 땅에 가서 새로운 삶을 시작해보고 싶었던 것이다. 그곳에서 동생이 태어났다. 남동생이었고 드디어 남자 형제를 만들어서 두 사람은 행복했을 것 같다. 그러나 두 아들 사이에 낀 나는 늘 외면을 당했다.
　먹을 것으로 차별을 당했고(그래서 나는 식탐이 남다르다, 못 먹으면 날카롭다, 맛있는 걸 주면 그 사람을 무조건 좋아한다) 청소나 설거지 같은 집안일은 모두 내게 돌아왔다. 나는 억울해서 오빠와 동생을 불러서 일을 나눠서 했다. 그러면 가시나가 나선다고 아버지한테 야단을 맞았다.
　네가 딸인 줄 알았다면 낳지 않았을 것이라는 말.

아들만 있는 집에서 달라는데 주려고 고민하다가 말았다는 말.

나는 그러니까 버려질 아이였다. 바리데기처럼.

버리지 못해서 데리고 온 아이.

우리 가족은 전라북도 김제에서 야반도주하듯 떠나야 했다. 아버지가 술에 취한 이웃 남자와 싸우다가 사고를 친 것이었다. 우리 가족은 아무것도 없이 광주에 잠시 머물다가 진도로 다시 왔다. 바닷가의 오두막이었다. 바닷바람이 추웠고 사람들은 거칠고 불친절했다. 나는 진도로 와서 초등학교에 입학했는데, 산을 넘어 등교하는 길이 가기 싫어서 아침마다 울었다. 아버지는 나를 싫어했다. 내가 드세서 두 아들을 잡고, 화가 날 때마다 소리를 지르고, 싫은 일을 시키면 절대 하지 않아서였다. 언니들이 순하고 착했기에 나 같은 딸은 아버지가 이해하지 못했고 자주 때렸다. 나는 맞기 싫어서 집 밖으로 뛰쳐나갈 때가 많았다.

아버지를 누가 안 잡아가나?

이런 생각을 할 때쯤 아버지는 병이 나서 돌아가셨다.

아버지의 장례식을 잊을 수 없다.

삼베가 내 머릿속을 쿡쿡 찔렀다. 사흘 동안 나는 삼베옷을 입고 새끼줄로 꼰 띠를 두르고 곡을 해야 했다. 첫째 언니의 세 살짜리 딸이 곡소리에 맞춰 엉덩이를 흔들며 춤을 추었다. 딸들은 제각각 우느라 눈이 빨갰다. 오빠도 동생도 어려서 우는 것 말고 뭘 해야 할지 몰랐다. 나는 울지 않았다. 아버지의 죽음이 슬프지 않아서였다. 나보고 자꾸 울라고 하는데 뭔가 슬픈 일을 떠올리며 울어야겠다고 마음먹어야 할 정도였다. 아버지가 없는 것이 뭐가 불편한지 알지 못했다. 아버지가 나를 사랑해준 적이 없어서였다.

사흘째에 아버지를 산에 묻고 난 다음이었다.

엄마가 삼베옷을 나풀거리며 구를 듯 날 듯한 걸음으로 산에서 내려갔다.

나는 어찌 살라고…….

나는 나는 어찌 살꼬…….

엄마는 온몸이 울음인 사람처럼 세상을 다 잃은 듯 울면서 산에서 내려갔다.

나는 그때 처음으로 눈물이 났다. 엄마의 모습이 흰나비 같았고 훨훨 날아서 내 곁을 영영 떠나버릴 것 같았다. 열두 해 살면서 그만한 슬픔을 본 적이 없었다. 내 가슴 밑바닥에서부터 올라오는 눈물을 나는 흘렸다. 그러면서 다짐했다. 엄마 앞에서는 절대 울지 말아야지. 엄마를 기쁘게 하는 착한 딸이 되어야지.

엄마가 아버지 없이도 잘 살아낼 수 있게 해야지.

어린 내 마음을 다해 그런 약속을 했다.

나는 그 후부터 착한 딸이 되기 위해 애를 썼다. 원래 버린 자식이 부모도 구하고 세상도 구하는 것 아닌가. 엄마가 나를 사랑하든 안 하든 그건 상관없었다. 내가 엄마를 위해 살면 되는 일이었다. 공부를 열심히 했고, 일기도 썼고, 밭에서 고추도 따고, 농약도 쳤다.

엄마는 매일 새벽 다섯 시면 일어나서 몸을 동그랗게 말고 엎드려서 기도했다. 그리고 압력솥 추가 칙칙 돌아가게 밥을 짓고 나와 동생을 깨워서 밥을 먹여 학교에 보냈다. 나는 중학교까지 공부를 제법 잘했다. 엄마가 오빠를 공부시켜야 한다면서 나보고 실업계 고등학교에 들어가라고 했다. 나는 실업계 고등학교에 들어가서도 매일 수능을 보려고 공부했다. 작가가 되고 싶었지만 진로는 사무직을 써냈다. 엄마가 하라는 것들, 순하게 고등학교 졸업하고 직장 다니다가 결혼해서 친정을 도우라는 말을 잘 들으려고 애를 썼다.

나는 내 삶의 이력을 김 작가님과 대담을 하면서 되새겼다.

엄마 말 잘 듣고 살아온 내 인생이 성공했느냐 하면 그건 아니다. 나는 엄마 말을 들으려고만 했지 제대로 들은 적이 없다. 울부짖는 엄마의 등 뒤에서 고작 열두 살짜리가 다짐했다고 해서 그대로 지켜졌다면 무엇이 문제였겠는가.

나는 사사건건 엄마에게 맞섰고 고집을 부렸다.

사무직은 무슨. 나는 작가가 되고 싶어서 직장에 다니면서 밤이면 재수학원에 다녔다. 시험을 치렀지만 엄마는 오빠와 동생을 가르쳐야 했고 내 등록금을 줄 수 없었다. 나는 다단계에 들어가서 엄마 속을 실컷 썩였다. 엄마가 내년에는 대학에 보내줄 테니 제발 나오라고 하자 그제야 나갔다. 다시 직장에 다니면서 재수를 하고 나서 문예창작과에 들어갔다. 아르바이트해서 생활비를 벌고 학비는 대출했다. 작가들은 폐결핵에 걸려 죽더라고 반대하는 엄마의 말을 증명하듯 폐결핵에 걸려서 진도에서 요양을 했다. 졸업 후 직장을 다니다가 결혼했다. 엄마는 이 부분은 무척 뿌듯해했다. 엄마가 결혼하라는 나이에 했고 남편이 돈을 좀 벌 것 같아서였다. 나는 또다시 학교에 들어가서 작가

공부를 했다.

엄마는 반대했다. 남편 보필하고, 아이들 잘 키우고, 집안일 잘하는 주부로 거듭나라고 했다. 그 모든 것들은 어쩌면 엄마가 여자로서 원하던 삶이었는지 모른다. 엄마는 평탄하게 살아본 적이 없으니까. 엄마는 언제나 반대했다. 내가 학교에 다시 들어가는 것도 내가 작가가 되는 것도. 내 삶을 찬성한 것은 결혼밖에 없었다.

나는 작가가 되었고 몇 권의 책을 낸 다음 나와 비슷하게 살아온 작가와 한 무대에 서게 되었다. 어쩌면 나보다 훨씬 치열하게 살아왔을 그녀의 앞에서 서로의 엄마에 관해 이야기했다.

김 작가님과 나는 일곱째였고 출생부터 부정당하고 버려진 아이들이었다.

바리데기.

버려도 버리고 던져도 버린, 버리버리 버리데기, 바리바리 바리데기.

나는 김 작가님에게 어머니와의 애증에 관해 질문했다. 우리의 엄마들은 딸을 미워하면서도 의지하고 늘그막에는 사랑까지는 아니어도 인정하게 되었다.

김 작가님의 엄마는 어려운 시기에 자기에게 찾아온 딸을 모든 불행의 상징으로 여겼다. 그러나 김 작가님은 그런 혼탁한 인생에서 엄마를 구할 사람으로 자신의 태몽을 재해석해줬다.

김 작가님의 엄마는 결국 딸을 인정하면서 한마디 했다.

"딸을 하나 더 낳구로."

딸을 하나 더 낳을 걸 그랬다는 말. 최대의 칭찬이었다.

나는 나와 김 작가님의 삶에서 엄마들의 반대가 우리를 키웠다는 생각이 들었다. 나는 엄마가 반대하지 않았다면 어느 순간 작가라는 꿈을 접고 다른 사람이 되었을지 모른다. 엄마의 반대가 내 속의 열망을 꿈틀거리게 했다. 적어도 내가 엄마가 반대하는 것이 되어서 나를 인정하게 하고 말겠다는 열망이 있었다. 그것이 나를 화나게도 하고 열받게도 하고 욕심을 부리게도 하면서 앞으로 나아가게 했던 것 같다.

일곱째들. 버린 아기들은 더 치열하게 삶을 일구는데, 그래서 친정의 다른 형제들과 엄마까지 돕게 되는 것 같다. 전설 속 바리데기가 밭을 3년이나 갈고 물을

3년이나 길어서 병든 아비를 구할 약을 얻는 것처럼.

우리는 우리 삶을 버려지거나 실패한 삶으로 내버려 두지 않고 저승에라도 가서 생명을 구할 것처럼 애를 쓰고 살아냈다.

나는 그날 무대에서 김 작가님을 보며 말해주고 싶었다.

우리는 결국 우리를 낳은 어머니들에게 인정받기 위해 온 생을 밭 갈 듯이 일궈왔는지 몰라요. 그래서 우리의 삶은 적어도 다른 형제들의 삶보다 나을 수밖에 없지요. 버려지지 않기 위해, 우리를 사랑하게 만들기 위해, 우리를 잘 낳았다고 인정하게 하려고, 모든 걸 걸고 살아왔으니까요.

그리고 우리의 엄마들이 알아주었으면 좋겠다.

바리데기들도 살면서 한번은 늙은 고목 같은 당신을 붙들고 서럽게 울고 싶은 날이 있었다는 것을.

우정으로 삶이 환해지는
순간을 기대하며

그녀는 한동안 나의 유일한 친구였다. 나는 그녀만 있으면 세상을 살아갈 자신이 있었다. 그것은 든든한 남편이나 자식을 가진 것과는 다른 문제였다. 그녀는 마흔이 넘어 만난 친구였고, 남편과 공유하지 못하는 내세계 전반을 나눌 수 있는 유일한 사람이었다. 나는 그녀와 좋은 사이였을 때 남편이 없어도 살 수 있을 것 같았다. 나이 먹은 여자가 왜 섹스 같은 것을 공유하는 남자가 필요할까. 그냥, 사이 좋은 여자 친구 하나만 있으면 되는데.

그러한 관계가 우정이라고 불린다는 것조차 아까웠다. 내게 그녀는 그만큼 특별했다. 내가 슬픈 일이 있어서 비명을 지르고 싶을 때, 내게 아픔을 준 사람에 관해 심각한 욕을 퍼부을 수 있는 사이였다. 낮이나 밤이나 새벽이나 우리는 서로를 찾았다.

그녀가 내게 전화를 하는 시간은 보통 아침 열 시였다. 아이들을 학교에 보내고 남편을 출근시키고 빨래를 돌려서 널고 설거지를 한 다음, 재빨리 청소기를 한 바퀴 돌리고 난 시간. 밤을 새워가며 일한 그녀가 퇴근해서 돌아오는 시간이 열 시였다. 그녀는 경찰 공무원이었다.

그녀는 내 딸 친구의 엄마였고 같은 아파트는 아니었지만, 차를 타고 달려가면 금세 만날 수 있는 거리에 있었다.

"있잖아요. 어젯밤부터 아침까지 한잠도 못 잤어요."

전화한 그녀가 다짜고짜 자신을 힘들게 했던 일을 털어놓았다.

"왜요? 무슨 일이 있었어요?"

나는 청소, 빨래, 설거지를 하지 않고 책상에 앉아 자판을 튕기고 있었다. 밤새 그녀가 일하는 동안 썼던 글을 지우면서, 돈 주고 하라고 해도 못 할 일을, 돈을 안 받고 하는 나는 진짜 작가인가, 자문하면서. 허스키한 그녀의 목소리가 들리는 휴대폰을 스피커폰으로 돌리면서 물었다.

"살인 사건이 났거든요."

그 순간 숨을 멈추고 귀를 기울였다. 내 소설보다 흥미로운 이야기가 펼쳐졌을 그녀의 일상에 온몸이 동해서 다음 말을 기다렸다.

"어디에서요?"

그럼 좀 자야 하지 않나요? 이렇게 물어야 하지만 나는 그녀를 안다. 그 이야기를 속에 담아 놓고는 눈 감고 잠들지 못할 것을. 그 사건은 그녀의 뇌를 갉아 먹으면서 집을 짓고 들어앉아 크기를 키워갈 것이며, 그 사건으로 인해 그녀의 일상은 금이 갈 것이다. 그러니 그 순간 내 물음은 글 쓰는 자의 못된 호기심이 아님을 밝혀둔다.

그녀는 조금 뜸을 들이는데, 그게 또 내 입에 침이 고일 만큼 나를 동하게 만든다. 그녀는 이야기꾼의 자질이 있고, 그녀의 내면은 인간의 존엄성을 지키려는 작가정신까지 느껴진다. 그녀가 소설을 썼다면 나보다 더 잘 쓰는 작가가 되었을 거라는 것을, 나는 매 순간 확인하고 당황한다.

"모텔촌이 있거든요. 그곳에만 들어가면 여대생들이 사라져요. 꼭 블랙홀처럼 자취를 감추어 버려요. 근데, 어제 그 모텔에서 여자가 죽은 채로 발견되었어요."

그녀는 그다음으로 요즘 여자아이들의 문란한 성
생활에 관해 토로한다.

"밤새 그 일을 조사한 거예요? 피곤해서 또 눈에 핏
줄이 터졌겠네요."

얼마 전 그녀의 눈에 실핏줄이 터진 것을 본 적이
있다. 얼마나 많은 밤을 새우고 나면 눈이 저렇게 터
질까.

"원래 새벽에 교대하고 자는데, 어제 여자가 죽어
서 여경이 이 일을 처리해야 했거든요."

나는 변죽을 맞추느라 그녀가 했던 이야기를 떠올
리며 묻는다.

"나는 강간 사건만 그런 줄 알았어요. 살인 사건도
밤을 새워야 하는 건 줄 몰랐어요. 많이 놀랐겠어요.
죽은 사람을 보는 게 쉬운 일은 아닌데. 그러고 밤을
보냈으니 얼마나 힘들었을까요?"

친구는 말을 하면서 속이 풀리고 나는 전날 밤 죽은
여자의 이야기를 플롯으로 떠올리며, 결말이 빤하지
않은 스릴러를 잠깐 상상한다.

"소설을 좀 썼어요?"

나는 통화 중이라 보이지 않는데도 고개를 절레절
레 흔들며 대답한다.

"별로요. 써놓은 이야기가 마음에 들지 않아요. 특히 문장이요. 그래서 가슴이 답답해요."

그녀와 통화하면서 잠시 시간을 확인한다. 벌써 열한 시 반이 되었고 밤을 새워서 깔깔하던 속이 허기진다. 역시 수다를 떨면 금방 배가 고파져서 살아있는 기분이 든다.

"우리 만나서 밥 먹을래요?"

그녀가 묻자 나는 머리를 감아야 하나 고민하다가 고개를 끄덕인다.

"어디가 좋을까요? 내가 갈게요. 맛있는 것 먹고 차도 한잔 마셔요."

그녀가 잠을 자야 컨디션이 돌아올 테지만, 오늘은 살인 사건이 일어난 날이니 쉽게 잠들지 못할 것이다.

그녀는 나의 이야기 창고였다. 나는 그녀의 이야기를 듣는 것이 좋았고, 그녀는 직장에서 자기를 괴롭히는 일들을 이야기하면서 털어버리길 즐겼다. 우리 둘에게 딸이 있었지만, 우리 둘 사이에서 아이들보다 중요한 것은 자신들 안에 숨어있던 '자신'이었다.

그해 봄에 나는 책을 내고 호텔 프린스에 들어가 있었다. 나는 자식이 둘이나 있는 주부가 집을 한 달이

나 비우고 호텔에 나와서 글 쓴다고, 주변에서 말을 많이 듣고 있었다. 딸의 친구 부모들은 내가 좀 별나고 이상한 여자라고 생각했고, 친정엄마는 나를 몹시 못마땅해했다. 친정엄마의 생각으로 글이란 하잘것없고, 여자란 자고로 밥 잘하고 살림 잘하고 애들 잘 키우면서 집을 지켜야만 하는 것이라고 여겼다. 나는 석사 학위를 받고 등단을 해도, 책이 몇 권 나오고 신문에 기사가 나와도 주변의 인정을 받지 못했다. 나는 집을 나와 있는 여자였다. 왜 글 같은 걸 써서 이 고생일까. 자책하다가 그래도 글이라도 쓰니까 나로서의 내가 세상에서 덜 지위지고 있는 기분이었다. 그녀가 나를 위로하러 왔다. 두 번이나.

한번은 집회를 진압하러 투입되었던 힘든 날, 늦은 밤 퇴근을 하고 와서 유일하게 문이 열려 있는 팬케이크 가게에서 시럽이 잔뜩 들어간 팬케이크를 같이 먹었다. 또 한번은 마음먹고 낮에 와서 밥을 먹고 명동 성당에 갔다.

"이 딸기 케이크가 얼마나 유명한지 알아요? 강남에서는 줄 서서 먹잖아."

그날 명동 성당 지하에 있던 케이크 집에서 딸기 케이크를 폭풍 흡입하며 그녀가 말했다. 내가 골치 아파하는 문제에 대해서 어떤 충고도 하지 않았다. 하얀 크림 속에 생딸기가 쏙쏙 들어가 있었는데, 그녀의 해맑은 케이크 예찬을 듣자 나도 모르게 한입 떠먹었다. 달콤했다.

매일 호텔 거울 앞에 꼿꼿이 앉아 장편을 다시 쓰면서, 주변의 질타를 버텨내고 아이들의 눈빛을 견디면서, 대내외적으로는 웃고 다니면서, 나는 내내 생각했다. 내가 얼마나 더 버틸 수 있을까. 이런 것들이 나를 작가로 자리매김해줄 수 있을까. 내 인생은 이미 원만한 여자의 삶에서 멀어지고 있는 건 아닐까. 이러다 병에 걸려서 모두에게 버림받는 건 아닐까. 아이들을 다 키워 놓고 더 늙어서 글을 써야 하는 건 아닐까.

"대단해요. 책이 나왔다고 어떻게 일주일 내내 기사가 나오죠?"

그녀의 인정이 위로가 되었다. 우리는 남산 케이블카를 타러 갔다. 둘만의 소소한 여행이었고 시간이 지나도 그날의 차가운 남산 공기와 서로의 얼굴을 보며 웃던 시간은 남아있을 것만 같았다.

여름이 시작되기 전 5월에는 우리의 우정이 푸르게 무르익어 있었다. 주변에는 개천이 흐르고 있었고 우리는 버드나무 아래에 있었다. 그녀와 같이 보고 있는 초록빛에 눈이 부셨다. 나는 그즈음 우즈베키스탄에 다녀왔고, 3월에 써서 보낸 장편이 신문사 장편 공모 최종심에서 떨어져 낙심하고 있었다. 그녀는 그날 자신의 경찰 인생에서 절대 잊지 못할 사건에 대해 들려주었다. 제주도에서 실종된 여성에 관한 사건이었다. 아무도 그 여자가 실종되었을 거라고 생각하지 않았다. 여자의 동생만이 경찰서에 와서 내 친구에게 하소연했다. 친구는 비행기 탑승 기록을 조회했고 그 여자가 비행기에 탑승하지 않았음을 확인했다. 실종 신고가 접수된 후 시체가 발견될 때까지 실종자 가족이 겪은 시련에 관해서 친구는 말했다.

친구가 기민하게 움직여서 경찰 전체는 책임을 면할 수 있었고, 그녀는 상을 받게 되었지만 거부했다. 그게 칭찬받을 일이냐고, 당연한 일일뿐더러 피해자가 살해당한 사건이 아니냐고. 그녀는 말했다. 그녀의 내면에 깊은 상처를 낸 그 사건에서 그녀가 정말 슬퍼했던 일은 실종자 가족의 얼굴이 말라가며 변해가는 모습이었다.

나는 언제나 그녀의 정의로운 성격을 좋아했다. 그리고 그 순간, 그녀에게 진심으로 반했던 것 같다. 세상에 너 같은 경찰만 있다면 사람들이 힘들지 않을 텐데.

넌 정말 멋진 사람이구나.

이렇게 말해주고 싶었다. 지금에서야 떠오르는 이 단어들이 그때는 문장이 되어서 나오지 못했다.

나는 진심으로 멋진 친구를 가졌다고 가슴이 벅차오르며 생각했다. 눈물이 날 것 같았다. 우리는 서로의 내면 깊숙이 아주 깊숙이 들어가서 악수를 나누었던 것 같다. 매일 모른 척하며 살고 있지만, 우리의 목을 조르는 엄마라는, 마흔이 넘은 여자라는, 책임감과 굴레에서 벗어나 진정 우리가 원하던 '우리'를 서로 엿본 기분. 서로의 뇌를 들여다본 기분. 그 안에 빛나는 내가 들어있고, 그것을 발견하고 인정해 주고, 멋지다고, 멋지게 지켜내고 만들어 가고 있다고 칭찬해 주는 기분. 그날 우리의 머리 위에 있던 초록 잎은 얼마나 아름다웠는지.

내가 그녀와의 우정이 영원하길 빌었는지.

그녀는 그때도 지금도 모를 것이다.

여름이 지나가면서 나는 박사과정 준비와 다른 일정들로 바빠서 그녀의 전화를 예전처럼 받지 못했다.

그녀가 가슴이 터질 것 같은 문제로 전화를 걸어왔을
때, 나는 춘천에서 행사를 돕고 있었다. 새로운 분들
을 만나고 인사를 나누느라 내 친구인 그 사람을 혼자
두었다. 나는 가을쯤 포항에 갔다가 올라와서 그녀에
게 전화를 걸었다. 전화를 받지 못한다는 메시지가 들
렸다. 바쁜가 싶어서 시간을 두고 통화 버튼을 눌렀
다. 몇 번이고 해보고 나서야 알게 되었다. 그녀가 내
전화를 차단했다는 것을.

어찌 된 일인지 그녀가 나를 피하는 것 같았다. 혹
시나 내가 그녀에게 실수한 것이 있을까, 돌이켜봤다.
그즈음에는 하루하루가 바빠서 학교 부모들을 만날
시간조차 없었다. 나는 한 달을 그녀에게 전화를 걸면
서 기다렸다. 그 시간 동안 나는 내 속을 후벼파면서
내 잘못을 찾느라 애를 썼다. 그녀와 나눴던 수많은
통화와 그녀와 마셨던 따뜻한 커피, 그녀와 찾아갔던
식당들, 그녀가 걷던 산책길을 같이 걷지 못한 것. 그
때 마감 중이던 글을 놓고 그녀에게 달려가 밤길을 같
이 걸으며 이야기했어야 했는데, 하는 늦은 후회. 무
엇보다 그녀를 잃었다는 사실에 애인을 잃은 사내처
럼 슬펐다.

그녀와 내가 우정을 나누던 그 일 년 동안, 내가 그

녀에게 주지 못한 선물과 힘들 때 함께 하지 못했던 시간을 후회했다. 나는 한동안 상실감에 몸져누워 있었다. 세상에서 자리 하나를 잃은 것 같았다. 그 무엇으로도 채워지지 않을 자리였다.

두 달이 지나고 나서 나는 그녀와의 우정이 끝났다는 것을 받아들였다. 상실감이 분노로 바뀌면서 왜 나를 끊어낸 것인지 화가 났다. 내가 그녀에게 주었던 것들이 생각나면서 아까워지기 시작했다. 늙은 엄마가 시골에서 만들어 보낸 김치를 기쁜 마음으로 싣고 가 나눠주던 일. 주변에서 들어오던 선물을 반으로 똑 잘라 나누던 일. 모든 것을 나누며 기뻐하던 그 마음조차, 다 거둬들이고 싶었다. 우정으로 환하게 불이 켜지던 봄날의 기억까지.

그녀가 내게 다시 전화를 건 것은 그해의 마지막 날이었다. 나는 그때 필리핀 보홀에 가 있었다. 그녀는 그때 자신을 힘들게 하던 일들에서 거리를 두고 싶어서 연락을 다 차단했다고 말했다. 나는 분노하던 마음조차 희미해져서, 크리스마스 휴가를 보홀로 왔으며 지금은 바닷가라 오래 전화를 받을 수 없다고 말했다.

나는 그녀의 목소리를 듣고 깨달았다. 사랑에만 타이밍이 있는 것이 아니었다. 우정에도 타이밍이 있어서 어떤 순간이 지나버리면 돌이킬 수 없다는 것을. 더는 내가 기다리고 원하던 친구가 될 수 없고, 둘의 인생에서 우정이 끝난다는 것을.

가끔은 우정으로 삶이 환해지던 그 봄날을 떠올린다. 친구의 눈을 보며 말하지 않아도 느낄 수 있었던 위안과 다정함을. 그 친구로 인해 나를 둘러싼 모든 것들이 따뜻해지던 그 순간을.

마이너를 위하여

외사촌과 나와 동생이 풍등을 날리며 나란히 서 있다.

우리의 염원을 담은 풍등이 밤하늘로 올라가 별이 된다. 우리는 손을 흔든다.

잘 가! 우리의 청춘.

우리 셋의 첫 만남은 나와 동생이 진도로 이사하고 부터 시작되었다.

내가 초등학교에 들어가기 전이었다. 외갓집을 처음 간 날이었다. 외할머니를 처음 보았고 외사촌 '뽁' 도 처음 만났다. 나는 그날 외할머니를 보고 충격에 빠졌다. 세상에 그렇게 많은 주름이 한 사람의 얼굴에 다 들어있다는 것도 신기했고 앞니가 세 개밖에 남아 있지 않은 입이 기이하게 보여서였다. 그 옆에서 고추장에 밥을 비벼 먹다가 나를 올려다보고 있는 여자아이가 있었다. 외할머니처럼 앞니가 튀어나왔고 볼이 통통하고 귀여운, 나보다 한 살 어린 외사촌이었다. 우리는 딱히 인사랄 것도 없이 서로를 바라봤다. 나는 지금에서야 생각한다.

우리가 피를 나눈 친척으로 만난 것이 얼마나 큰 행운이었던가.

우리를 낳아준 엄마들이 얼마나 고마운 사람들이었던가.

그 후로 나는 심심할 때마다 외갓집에 갔다. 외갓집은 내가 살던 마을에서 버스를 타고 30분은 가야 하는 곳이었다. 갑자기 낯선 섬으로 이사 간 나는 견딜 수 없이 심심할 때가 많았다. 그때 우리 집에는 텔레비전이 없었고 외갓집에는 텔레비전이 있었다. 텔레비전에서는 어린이를 위한 만화를 방영했다. 주로 소녀들이 나왔는데, 거지 같은 몰골로 요술봉을 휘두르면 공주가 되었다. 나는 그 소녀들이 나와 비슷하다고 생각했다. 그 소녀들의 다음 이야기가 궁금해서 하루가 멀다고 외갓집에 갔다. 외사촌은 친구들과 노느라고 나를 반기지 않았지만 외할머니는 나에게 친절했다. 외할머니는 시력이 상해서 거의 눈이 보이지 않았는데 나를 위해 떡이나 말린 생선을 내왔다. 외할머니

는 작은 주머니를 속곳에 차고 있었는데 그 안에는 돈
과 사탕이 들어있었다. 외할머니는 내가 갈 때마다 용
돈을 주었다. 보이지 않는 눈으로 차고 있던 주머니에
서 천천히 꺼냈다. 나는 그게 그렇게 좋았다. 나는 외
할머니의 주름 많은 얼굴에 익숙해지면서 외할머니
의 속곳에서 나는 냄새가 엄마의 냄새와 비슷하다고
느꼈다.

외사촌 뿍은 따로 놀다가도 외할머니가 내게 용돈
을 줄 때는 매의 눈으로 관찰했다. 눈이 어두운 외할
머니가 간혹 만 원짜리를 잘못 집어주면, 냉큼 뺏어서
천 원짜리로 바꿔주었다. 나는 기대했다가 뺏기면서
야속한 생각도 들었다. 나는 외갓집에서 먹고 놀다가
잠이 들면 하룻밤 자고 집에 돌아가기도 했다. 뿍과
외할머니와 같이 뜨끈뜨끈한 방바닥에서 눈을 감았
다가 뜨면 아침이었다.

그때가 우리 둘에게 가장 행복하고 편안한 시절이
었다는 것을, 지금에서야 깨닫는다.

외사촌이 우리 집에 놀러 온 날은 초겨울이었다.

나는 뭔가 재미난 놀이를 하고 싶었다. 어린아이답
게 잘난 척을 하고 싶었던 것도 같다. 엄마는 외할머

니처럼 외사촌에게 줄 용돈이 없었고, 우리 집은 뽁의 집보다 넓지도 않았다. 집에는 간식거리도 없었다. 텔레비전도 없고 춥고 먹을 것도 없어서 뽁이 재미없다고 집에 돌아가 버릴까 봐 조바심이 났다.

바닷가에 가서 놀자.

뽁의 집은 섬의 중간에 있어서 산과 밭과 논이 있었지만, 우리 집은 섬 끝에 있어서 바닷가가 있었다. 바닷가는 집 앞에 있었는데 겨울이라 바닷물에 들어갈 수 없었다. 그때 내 눈에 띈 것이 김발에 쓰려고 쌓아 놓은 긴 장대들이었다. 대나무는 물에 담가져 있었다.

나는 그 위에서 뛰기 시작했다. 대나무가 탄력이 있어서 몸이 위로 솟아올랐고 하늘을 나는 것처럼 신이 났다. 내가 환호를 하면서 뛰자, 뽁도 내 동생도 같이 뛰기 시작했다. 우리는 차례대로 튕겨 나가서 바닷물에 빠졌다. 내가 소리쳤다.

수영하자!

다음날부터 차례로 홍역에 걸렸다. 동생과 외사촌은 금방 나았다. 나는 일주일을 앓고 죽다가 살아났다. 코피를 엄청나게 흘렸고 열이 떨어지지 않았다. 엄마는 열에 들뜬 나를 내려다보며 "애가 죽을 것 같아요"라고 아빠에게 속삭였다. 나는 몸이 약해서 아기 때부터 자주 아팠고, 그럴 때마다 꼭 죽을 듯이 아파서 부모님은 홍역에 걸린 나를 보며 그런 말을 했던 것이다. 그러나 나는 살아났다.

대신 아빠와 외할머니가 돌아가셨다.

아빠는 병에 걸려서 돌아가셨고 외할머니는 아흔이 넘어서 노환으로 돌아가셨다. 뽁과 나와 동생에게 가난과 슬픈 날들이 찾아왔다. 나는 아빠가 없다고 동네 아이가 놀려서 서럽게 울었다. 미친 듯이 악쓰고 울었더니 다시는 나를 건드리지 않았다. 그러나 동생은 남자아이라 자주 괴롭힘을 당해서 엄마가 그 아이네 집에 쫓아다녔다. 아버지의 부재가 힘들다고 써놓은 동생의 일기장을 훔쳐본 날을 잊을 수 없다.

'부재'라는 단어가 어울리는 나이인가.

'부재'는 외롭고 아프다는 다른 뜻이구나, 잠든 동생의 얼굴을 보며 생각했다.

뽁은 외사촌 오빠 부부가 내려와서 같이 살았다. 뽁과 나와 동생은 더 끈끈해졌다. 엄마는 9월이면 나와 동생만 두고 제주도에 귤을 따러 갔다. 내가 학교에 다녀오면 연탄불이 꺼져있었다. 두꺼운 이불을 덮고 오들오들 떨면서 세상의 온갖 따뜻한 것들을 상상했다. 그때는 텔레비전이 있어서 그 안에 든 따뜻한 것들로 위안을 받았다. 그 추운 집에 뽁이 놀러 와서 셋이 부침개를 해 먹고 수제비를 끓여 먹었다. 우리 셋은 고아처럼 서로를 끌어안고 냉기를 견디며 도란도란 이야기하다가 잠이 들었다.

나와 뽁은 서울로 대학을 갔다. 졸업하고 취직해서 직장 생활을 하는 동안 동생이 같이 살았다. 동생은 공무원 시험을 준비하다가 정보통신 쪽 회사에 취직했다. 내가 결혼하기 전까지 셋이 자취를 했다. 뽁도 결혼을 했는데, 동생은 결혼도 연애도 하지 않았다. 엄마는 동생을 장가보내는 것을 남은 삶의 목표로 삼았다. 동생은 명절마다 엄마에게 들볶였다. 비혼주의를 이해하지 못하는 엄마는, 나와 다른 가족들에게 동생을 결혼시키라는 엄포를 놓기까지 했다.

우리 셋은 사는 게 바빠서 자주 보지 않았다. 그러나 뽁과 나는 통화를 종종 했고, 나는 남들에게 털어놓지 못하는 이야기를 뽁에게는 했다.

뽁의 엄마가 외사촌을 낳아준 것이 아니라 평생의 친구를 낳아준 것을 나는 감사한다.

작년에 뽁은 긴 소송 끝에 이혼했다.

어느 날 문득 시작되는 결혼처럼 이혼도 그렇게 시작된다. 나와 동생은 뽁을 힘들게 한 그놈을 어떻게 없애 버릴까, 가서 좀 때려줄까, 궁리했다. 우리는 동생의 아파트에 모여서 밤새 이야기를 나누며 닭발이나 언어회를 시켜 먹었다. 우리는 사십 대 중반의 나이였다. 비만과 콜레스테롤과 고혈압과 당뇨를 조심해야 하고 쌓이는 피로에 자양강장제를 먹어야 하는 중년이었다. 그러나 그것보다 더 조심해야 하는 것은 이혼 후 찾아오는 우울증이었다.

뽁은 이혼한 남편이 찾아올까 봐 무섭기도 했지만, 시어머니가 기르는 아이를 자신도 모르게 찾아가서 볼까 봐 견딜 수 없어서 고향 섬으로 내려갔다. 삼십 년을 돌고 돌아 다시 원점으로 돌아간 것이다. 뽁은 많은 밤을 우울해하면서 보냈다. 나와 긴 통화를 하고 나서도 쉽게 잠들지 못했던 것 같다.

우리 여행 갈까?

뽁이 제안했다. 외국에서 살다 온 뽁과 소설 쓴다고 여행을 자주 다니는 나에 비해 동생은 한 번도 해외여행을 간 적이 없었다. 나는 동생을 데리고 가서 다른 나라를 보여주고 싶었고, 뽁에게는 일 년 후를 기대하는 재미를 주고 싶었다. 동생과 나와 뽁은 한 달에 십

만 원씩 모았다. 한 달 한 달 뽁의 통장에 돈이 모였고 뽁이 비행기와 호텔을 예약했다. 그러는 사이에 뽁은 긴 터널 같은 우울증에서 빠져나왔다.

'일생에 한 번은 러이 *끄라통* 이펭 축제에 가봐야 합니다' 나는 이 문구에 혹해서 태국의 치앙마이를 여행지로 골랐다.

나는 작가이면서 대학원 박사과정에 다니고 있었고 두 아이와 남편을 돌보는 여자였다. 공항에 가기 전까지 내가 한 일은 아이들의 옷을 세탁하고 일주일 동안 먹을 반찬을 해놓고, 청소기를 돌리고, 대학원과 출판사에 보낼 원고를 노트북에 담아 챙기는 일이었다. 피곤해서 '이게 정말 힐링 여행인가, 가기 싫다, 다 귀찮다'를 속으로 열 번은 외쳤다.

동생은 아이티업계 팀장으로 몇 달 동안 진행한 프로젝트를 끝내고, 에러를 잡느라 공항에 가기 전까지 직장에서 일을 하다가 나왔다. 한 일주일은 밤을 새우고 나선 참이었다.

뽁은 진도의 직장 일을 한꺼번에 끝내 놓고, 목포까지 차를 끌고 간 다음 버스를 타고 다섯 시간 동안 달려와서 겨우 공항에 도착했다. 피로와 허기로 기절할 것 같은 상태가 되었다.

드디어 비행기를 탄 우리 셋은 피로에 찌들어 잠들어야 하지만, 각자가 분주했다. 나는 밀린 과제를 하느라 다섯 시간 동안 노트북을 켜고 앉아있었다.

아무것도 하지 말고 바다에서 수영이나 하고 축제만 보고 오자.

호텔로 향하면서 우리 셋은 다짐했다. 우리는 호텔에 가서 알게 되었다. 우리가 치앙마이라는 지역을 검색해 보지 않고 왔다는 것을. 치앙마이는 태국의 북부지역에 있었고 국경을 마주하고 있는 지역이었다.

바다가 없었다. 산만 있었다. 산과 또 산과 사원과 사원.

나는 그간 태국을 두 번 정도 갔는데 모두 바닷가 섬이어서 따뜻했고 수영을 하기 좋았다. 나는 태국은 다 그런 줄 알았다. 바닷가에서 자란 나와 동생에게 바다는 일종의 쉼이었다. 바다에서 수영을 하거나 낚시를 하면서 묵은 피로를 풀곤 했다. 나와 동생과 뽁은 셋 다 바빴지만, 수영복을 두 개씩 챙겨 온 참이었다. 가끔 이유 없이 바보가 되고 호구가 되는 우리는 이번에도 둘 중의 하나가 되어 어안이 벙벙해져 있었다.

203   박지음―마이너를 위하여

이 여행에서 우리는 계획을 세우지 않고 돈도 아끼지 않기로 했다. 우리는 걷다가 자주 주저앉았다. 아무 식당에나 들어가서 먹고 아무 곳에나 들어가서 구경했다. 내일 뭘 할까를 고민하지 않았다.

풍등축제에 가서 등에 불을 붙이고 날릴 때까지. 우리는 이 여행을 후회하고 있었다.

풍등은 보기보다 컸다. 불을 붙이는 방법을 앞에서 보여주었다. 나와 뿍이 나란히 잡고 불을 붙여 등을 날렸다. 고개를 들자 천여 개의 풍등이 하늘로 날아갔다. 저절로 탄성이 울렸다. 풍등은 무리 지어 날아가더니 하늘의 별처럼 높이 떠올랐다.

책을 내도 무명작가일 뿐인 나.

이혼한 외사촌 뿍.

마흔이 넘어서도 결혼하지 못한 동생.

우리는 실패한 삶을 산 것일까.

나이만 먹은 우리는 실패한 것인가.

풍등이 날아오르는 장면을 보면서 어린아이처럼 탄성을 질러대고 방방 뛰면서, 나는 우리 셋이 환호성을 지르면 뛰어오르던 그 바닷가가 생각났다. 그때 우리를 품어주던 외할머니와 아빠. 그분들이 지켜주던 세상이 끝나고 각자가 울면서 살아낸 시간. 넘어졌다가 일어나며 만들어 온 날들.

문득 우리의 실패가 감사했다.
우리를 이 시간, 이 나라에 데려다 놓은 그 실패가.
우리를 다시 우리로 묶어준 그것이.

나는 하늘로 날아오르는 풍등에게 빌었다.
우리의 삶이 이제 고요히 흘러가기를.
서로 의지하고 아프지 않고 외롭지 않기를.

강윤미

내 글이 한 사람에게 보내는 편지였으면 좋겠습니다.
글을 읽는 당신이 모르는 마음을 알게 되면 좋겠습니다.

귀신의 시

대학 시절 은사님은 내 시가 여리다고 하셨다. 나의 재능을 눈여겨보시면서도, 여린 구석을 조금 못마땅해하셨다. 어쩌면 나의 한계일 수 있다고 생각하면서도 언젠간 그 말을 딛고 서고 싶었다. 그 시절의 나는 여린 사람이 맞았다. 보이는 그대로를 믿었다. 친절하게 굴면 친절한 사람으로, 전화를 자주 걸어오는 사람은 안부를 물어주는 따뜻한 사람이라 생각했다. 대부분 선한 사람들이었고, 나는 그들 덕분에 낯선 곳에서의 생활을 차곡차곡 해나갈 수 있었다. 하지만 그렇게 믿었던 사람 중의 한 사람으로 인해 나는 한동안 곤경에 빠져 방황해야 했다. 내 앞에서 행동했던 모습과 달랐던 그 사람의 행동은 마음 여린 대학생이 상상할 수 있는 최대치를 넘어섰다. 사람의 행동에는 여러 갈래의 마음과 방향이 뿌리내리고 있다는 것을 깨달았다. 사람이 무섭다는 생각을 처음 했다.

동아리 활동을 하지 않았다. 과 모임에도 가지 않았다. 걸려 오는 전화를 받지 않고 사람들을 피하기 시작했다. 학교 수업만 마치면 방에 틀어박혀 있었다. 거절하지 못하고 싫다고 말하지 못했던 나에게서 모든 원인을 찾기 시작했다. 자책하는 동안 나는 나의 마음에 자주 상처를 냈다. 모질게 굴었다. 감정의 이면에는 뿌리에 매달린 알감자처럼 데리고 다니는 어떤 것들이 있고, 그것들은 생각하지 못한 곳으로 이끌어 주변에 흠집을 낸다. 그 사실이 자명해서 견딜 수 없었다. 달라져야겠다고 다짐했다. 다짐이 비뚤어진 마음과 만나 사람들의 안부 전화에 퉁명스럽게 대답했고, 거리에서 만나는 사람의 인사에도 굳은 얼굴로 도망치기 바빴다. 나는 내가 어떤 사람인지 몰라 혼란스러웠다. 희붐한 빛이 작은 방에 스며들 때까지 잠을 잘 수 없었던 날들이 지속되었고, 웃지 않는 사람이 되어있었다.

두꺼운 갈색 대학노트에 새벽마다 시를 썼다. 음악을 듣고, 책을 읽었다. 산문집에 "내가 사랑하던 것들이 나를 돌봐주어서 나는 그 시절을 무사히 지날 수 있었다"라고 썼는데, 정말 그랬다. 그 시절에 만난 시와 음악, 영화와 책이 없었다면 나는 무사히 대학을 졸업할 수도, 작가가 될 수도 없었다. 은사님의 연구실 밑으로 편지 부치듯 시를 밀어 넣곤 했다. 찰랑거리는 감정을 겨우 시에 붙들고는 불쑥 건네야 할 것만 같은 기분이 내 시가 걸어가야 할 방향과도 같은 지점처럼 느껴졌던 시절이었다. 시를 읽으셨을지, 읽으셨다면 어떤 마음과 만나셨을지 궁금하지 않았다. 작별인사를 하듯 시를 내 손에서 떠나보내고 싶었다. 시가 내 손에 없는 동안 나는 시를 충분히 달랜다. 내게 다시 돌아오지 않을 감정들이 있어야 다음 시를 향해 나아갈 수 있다고 믿었다.

수족관의 해파리를 본 적이 있다. 해파리는 살대가 없는 우산처럼 흐물거리며 유영한다. 깜깜해야 해파리가 보인다. 속살이 다 비치는 투명한 해파리는 여린 감수성을 지닌 시인의 시작 같은 것일까. 깜깜한 세계를 만나 환하게 밝아지고, 환하게 밝아지면서 외로운 시의 이면을 알게 된다. 마음이 깜깜했던 사람이 시를 만났을 때, 탁 하고 조명이 켜지는 느낌을 받아본 적 있다면 내 말을 공감할 것이다. 여린 사람은 연고가 발라진 생채기를 아득하게 바라봤던 적이 있는 사람이다. 밴드를 감싸도 벌어진 살갗의 아우성이 들리는 사람이다. 시로 봉합했을 때 생채기라는 단독의 사건은 보편성을 얻기도 한다. 수족관 속의 많은 해파리들은 분명 하나같이 보였다. 단 하나의 독립된 해파리. 시 쓰는 사람은 보편적인 사건을 개별적으로 기억한다.

자취방이라는 공간에서 나의 세계를 다지는 동안, 나는 표정이 없는 사람이 되어있었다. 내성적이지만 사람들과 어울리는 것을 좋아하고, 맥주를 앞에 두고 이야기를 나누길 즐겼던 내가 철저히 혼자가 되기로 한 것이다. 사람들을 만나질 않고 수업과 과제에 매달렸더니 과 수석을 했다. 등록금의 반을 장학금으로 받았고 아버지는 처음으로 칭찬하셨다. 섬 밖의 대학에 가는 걸 반대했던 아버지가 장학금으로 처음 인정했던 것이다. 혈혈단신 낯선 곳으로 대학을 갔던 나를 전혀 궁금해하지도, 걱정하지도 않았던 다정하지 않은 아버지가 그날은 삼계탕에 소주를 맛있게 드셨다. 나는 외롭고 쓸쓸했던 그 시절 이야기를, 사람이 두려워서 자취방에 숨어있던 그때의 마음을 섬에 갖고 가지 못했다. 헛헛해서 쓰라렸다. 조도가 낮은 나의 표정을 살피며 괜찮냐고 물어봐 주는 사람은 없었다.

　내 시에도 점점 단단한 그늘이 들어서기 시작했을
까. 그럼에도 여린 시적 바탕은 어찌할 수 없었는지,
지방 신문사의 신춘문예 당선 심사평에도 "감정의 선
이 너무 여리다"라는 약간의 우려와 함께 "덜 길들여
진 감수성을 높이 산다"라는 말이 있었다. 어쩌면 '덜
길들여진 감수성'이란 감정의 선이 여리기 때문에 가
능했던 것인지 모르겠다. 그리고 '덜 길들여진 감수
성'은 시라는 미지의 세계를 탐험하기에 알맞았던 것
도 같다. 시를 읽는 사람이 시를 읽지 않는 사람보다
훨씬 적은 세계에서 시를 쓰는 일은 조금은 무모해져
야 하는 일일지 모른다. 아주 깨끗한 마음의 바탕에
서 건져 올린 심해 물고기 같은 시를, 이제야 문득 만
난 못생기고 기괴한 물고기를 이질감 없이 받아들일
수 있는 것은 못생기고 기괴한 이유를 명백하게 밝힐
수 없는 것에서 올지도 모른다. 마음이 명징한 상태에
서 시가 와야 하는 것은, 시는 시가 되는 순간 새삼스
럽게 시가 되기 때문이다. 시의 씨앗은 미래를 가늠할
수 없게 한다.
　대학교 3학년 때부터 신춘문예에 응모하기 시작했

는데, 처음엔 자신이 없어서 지방 신문사에만 응모했다. 그러다 대학원 석사 논문을 쓰고 있던 그해, 조교를 하고 있던 과 사무실에서 전화를 받았다. 당선 후 계간지에 발표한 몇 편의 시로 시집 출간 제의를 받았지만 거절했다. 나는 처음부터 중앙 일간지 신춘문에 혹은 좋아했던 시집들을 만들었던 계간지의 신인상으로 등단하고 싶었기 때문이다. 아버지에게 인정받은 기억이 없는 유년을 갖고 있던 탓이었을까. 시에서만큼은 강렬한 욕구를 느꼈다.

기숙사에서는 시를 쓸 수가 없어서 2학년 때부터 자취를 했다. 여러 방을 옮기면서 지냈는데, 등단작 「골목의 각질」은 자취방이 모여있던 학교 담장 옆 작은 마을에서 살았던 경험을 쓴 것이다. 마음에 들었던 시들, 만약 당선된다면 이런 시들이 당선 소식을 데리고 올 거라고 믿었던 시가 아닌, 전혀 생각하지 못했던 시가 당선되었다. 신춘문에의 계절이 오면 중앙 일간지 전체에 응모했다. 보낼 때마다 시를 쓰는 우리 중 누군가에게 첫눈처럼 당선 소식이 올지도 모른다는 기대가 있었다. 그리고 그 소식이 나에게 왔으면 좋겠다고 생각했다. 낙선이 확실해지는 연말이 되기 전까지 간절한 마음으로 전화기를 바라보곤 했다. 하지만 매번 떨어졌기 때문에 늘 속상한 마음으로 새해를 맞이했다. 괴로웠다. 그렇지만 이상하게도 다른 길을 생각해 보지 않았기 때문인지, 언젠지 모르지만 등단할 것 같았다. 자존감도 낮고 자신감도 없는 사람이었지만 이상하게 내 인생이 시 쓰는 인생으로 흘러갈 것 같았다.

결혼해야겠다는 마음이 자연스럽게 일어서 결혼을 했다. 결혼하고 나서도 계속 시를 썼고, 임신했던 그해에 당선 전화를 받았다. 내 인생이 내 믿음대로 시 쓰는 인생으로 흘러가려고 했던 것이 분명했다. 하지만 등단과 동시에 아이가 태어났다는 사실은 언제든 글쓰기는 그만두어도 무방하다는 사실과 다르지 않다. 시를 못 썼던 8년 동안 줄곧 느껴야 했던 현실이었고, 이전에는 전혀 생각해 본 적 없는 미래였다. 나는 주변에서 육아하면서 활발히 글을 쓰는 여자를 본 일이 없다는 사실을 비로소 깨달았고, 식탁에서 글을 쓰는 여자를, 아이들의 울음소리에 넋이 나간 여자 작가들의 이야기를 찾아 읽었다. 그들은 양립하기 힘든 그 두 가지를 해냈기 때문에 작가로 살아남았고, 살아남았기 때문에 무용담을 풀어낼 수 있었다. 어떤 그녀에게는 숨을 고를만한 자신만의 방이 있어서 생각이라는 것을 하고 책을 읽을 수 있었으며 글을 쓸수 있었다. 어떤 그녀에게는 가까운 곳에 육아를 도와줄 친정이나 시댁이 있었다. 어떤 그녀에게는 돌이 막지난 아이를 보육 기관에 보낼 만한 용기가 있었다. 출퇴근하지 않는 엄마여도, 집에서 글을 쓰고 책을 읽는 엄마여도 아직 너무나 작은 아이를 세상에 내보낼수 있다는 건 큰 용기가 필요한 일이다. 나에게는 모든 것이 존재하지 않았다. 육아의 특성상 나의 시간과아이를 돌보는 나의 시간은 혼재되어 있기 때문에 단독으로 여길만한 나만의 시간이라는 건 존재하지 않았다. 나만의 방 역시 가질 수 없었다. 섬을 떠나왔을 때부터 나는 혼자였기 때문에 오로지 혼자 육아에 전념해야 했다. 글을 쓰지 못하는 건 다른 어떤 일보다외로운 일이었다. 혼자 있지 못해서 외로웠다. 외로웠던 만큼 아이들의 살결을 매만지며 외로움을 이겨내고 싶었다. 보육 기관에도 빨리 보내지 않았다. 조금늦게 나가도 세상은 도망가지 않으니까 내 품에서 아이들이 실컷 잠을 잤으면 했다.

시에 전념했던 이십 대의 시간만큼 육아에 몰입했

던 삼십 대를 지나오는 동안, 나는 '신춘문예'라는 어여쁜 허울만 간신히 붙들고 있는 작가가 되어있었다. 페이드아웃을 앞둔 배우처럼 쓰지 못하는 자신을 자책하며 불 꺼진 밤마다 잠든 아이 옆에서 베갯잇이 젖을 정도로 많이 울었다. 오롯이 혼자 있을 때만 시를 쓸 수 있는 내게 육아의 시간은 시 쓰는 정체성을 잃어버린, 한쪽이 기울어진 목각 인형 같은 시간이었다. 등단했지만 시집 한 권 없이 사라질 것 같았다. 시집 제안이 오지 않은 것도 아니었지만 나의 시를 온전히 신뢰할 수 없어서, 머릿속에 온통 아이들 생각이 가득해서 거절했다. 오만이라면 오만이고, 나약함이라면 나약함이다. 두 아이를 두고 카페에 가기까지 많은 용기가 필요했다.

큰아이는 네 살 때 시를 읽기 시작했다. 의미를 모르는 단어들이지만, 자음과 모음보다 시를 먼저 읽었다. 계간지에 보낼 시를 퇴고한다고 여러 번 프린트하면서 이면지가 쌓였는데, 종이들이 아까워서 책장 위에 두곤 했다. 아이들은 내가 쓴 시 뒷면에 신나게 그림을 그렸다. 팔다리가 존재하지 않거나 목이 없는 귀신같은 사람을 그렸다. 선부터 시작했던 아이들의 그림은 면으로 풀려나가 형체를 만들기 시작했고, 귀신

같던 형체들은 마침내 사람이 되곤 했다. 그리고 어느 날부터 아이들의 입에서 문장이 들리기 시작했다. 아이들도 매일 퇴고하면서 성장했던 것이다. 내가 쓴 시의 이면에는 아이들의 성장이 있다. 아이들이 잠들고 나면 시 쓰는 변신 로봇이 되면 좋겠다고 생각했다. 종일 아이들의 말투와 행동에 반응하다 보면 젖은 솜뭉치처럼 너덜너덜해진 몸과 정신은 점점 나를 날카롭게 만들었다. 귀신이 대신 시를 써주면 좋겠다고 생각해서 「귀신의 시」라는 시를 발표하기에 이르렀다. 아이들이 잠들고 나서야 허용되는 아주 짧은 혼자만의 시간 동안 나는 거의 반쯤 귀신이 된 것처럼 온몸이 아프고, 아프지 않았다. 본 것 같고 들은 것 같다. 시의 기척은 분명 느꼈지만, 내 몸은 모국어를 잃어버린 사람처럼 시를 받아들이지 못했다.

전화기를 집에 설치하고 큰아이에게 전화 거는 법을 설명했다. 무슨 일이 생기면 전화를 걸라고 당부했다. 여덟 살 아이에게 다섯 살 동생을 맡기고 가는 일이 미안하기도 하고 걱정도 되어서, 초조한 마음으로 카페에 잠깐 있다 돌아오곤 했다. 그렇게 나는 다시 시를 쓰기 시작했다. 한 단어만 쓰고 돌아온 날도 있고 시집만 읽고 오는 날도 있었다. 육아를 거치면서 내 삶에 큰 변화가 왔고, 자취방에서 혼자만 생각했던 시절과는 확연히 달라진 삶의 무게가 느껴졌다. 등단하기 위해 썼던 시들이 낯설게 느껴져서 많이 버렸다. 그 시절의 나로부터 나는 너무 멀리 와 버렸다. 단어와 단어가 모여 문장을 이루고 문장과 문장이 만나 한 문단이 되고, 문단들이 모여 한 편의 시가 되는 일. 그 일을 다시 해내기까지 긴 시간이 필요했지만, 나는 시를 쓰기 위해 이곳에 왔다는 생각을 한순간도 잊지 않았다. 나를 끌어안고 애면글면 애썼다.

  여린 대학생의 시는 이제 없다. 눈물이 많고 마음여린 본성은 변함없지만, 나는 이제 두 아이의 엄마다. 생명을 세상에 내보낸 사람이 어떻게 달라지지 않을 수 있겠는가. 진공 상태에 있는 듯한 해파리는 고립을 즐기는 것처럼 보였다. 세상의 모든 소리를 딱 1분만 없앨 수 있는 순간이 있다면, 그때 해파리의 빛이 태어나는 것일까. 소리와 빛은 어우러져 난분분 흩어지면서 어떤 여린 감성을 물들일까. 시를 쓸 때 고립무원의 감정이 될 때가 있다. 그때의 고립무원은 무척 사랑스럽다. 나는 이따금 진공 상태에 있곤 한다.

시라는 우주를 기꺼이 떠다니는 우주인. 우주인이 되려면 중력이 없어도 살아야 할 테니, 세상에 덜 길들여진 감수성은 계속 쥐고 있어야 할 것 같다.

시는 완전하면서 불완전하고 확실하면서 확실하지 않다. 그래서 시가 좋다. 확실한 위로를 원할 때 시는 안개를 보여주고, 불확실한 고통으로 내가 방향을 잃으면 시는 확실한 비를 쏟아낸다. 시가 보여주는 안개 속에서 나는 겸허해지고, 시가 쏟아내는 빗속에서 나는 해방감을 느낀다. 설령 귀신이 쓴 것이라 해도 사랑하지 않을 수 없다.

피아노의 숲

숲에 버려진 피아노를 발견한 세 살부터 제멋대로 피아노를 치는 카이. 피아노 위에서 잠이 들고, 피아노가 자신의 전부였던 아이. 아버지의 재능을 물려받아 부모의 바람대로 피아니스트가 되어야 하는 운명을 지닌 슈헤이. 부잣집 아들인 슈헤이는 레슨비를 낼 수 있는 경제력을 가진 부모가 있고, 하고 싶은 것은 하기만 하면 되는 환경에서 자란 아이다. 반면 카이는 문화적 감수성과는 거리가 먼 환경에서 자랐다. 어느 날 카이가 슈헤이를 숲에 데려간다. 자신의 일부처럼 피아노를 마음대로 다루는 카이. 그러나 슈헤이는 건반에서 아무런 소리를 듣지 못한다.

자유롭게 치는 것에 익숙한 카이와 전국 1등이 되기 위해 레슨을 꾸준히 받고 연습해 온 슈헤이는 콩쿠르에서 만난다. 예선 곡은 모차르트 피아노 소나타 8번, K.310. 슈헤이는 악보대로, 배운 대로 실수 없이 친다. 완벽한 연주를 끝냈을 때 마음속으로 자신이 카이를 이겼음을 확신한다. 그저 숲에 있는 피아노를 제멋대로 쳐왔던 카이는 신발을 벗어 던지고 숲에서 혼자 피아노를 쳐왔던 것처럼 제멋대로 곡을 해석한다. 완벽히 다른 연주였지만 관객들은 환호한다. 그러나 결선에는 오르지 못한다. 악보대로 치지 않았기 때문이다.

악보를 해석하는 일과 악보 바깥을 볼 수 있는 눈을 가진다는 것. 이것은 꼭 피아노에만 해당하는 일은 아니다. 그림을 그리는 일, 글을 쓰고 사진을 찍는 일. 예술이라고 하는 것들은 모두 배움 이상의 것이 요구된다. 분명 배웠지만, 배우지 않은 것. 분명 알고 있지만, 누구도 알지 못했던 것. 분명 보편적인 것이지만 독보적인 것. 배운 대로 하는 것과 배움을 넘어선 표현의 차이는 무엇에서 오는 걸까. 예술가에게 흠모하는 대상을 따라 하는 것 이상으로 자기 것을 발견하고 표출하는 일은 늘 중요한 문제인 것 같다. 하지만 지나친 개성은 같은 예술가에게조차 이해받기 어려울 때가 있다. 애니메이션 〈피아노의 숲〉의 카이와 슈헤이의 모습을 보며 생각했다. 나는 카이의 독창성을 선망했을까, 슈헤이의 완벽함에서 오는 안전함을 염원했을까.

〈피아니스트 세이모어의 뉴욕 소네트〉라는 다큐
영화가 있다. 출중한 실력의 피아니스트는 돌연 연주
활동을 그만두고 피아노를 가르치는 선생님이 된다.
감독인 배우 에단 호크와 피아니스트 세이모어는 무
대 위 공포를 이야기한다. 공포를 다스리기 위해 연습
시간을 4시간에서 8시간으로 늘리는 것. 결국, 공포
의 해결은 연습을 통한 작은 완벽함에 조금씩 다가가
는 것. 그런 기분을 조금씩 느끼는 것. 그리고 그 모든
것의 열쇠는 자신에게 있다는 것. 그런 행위를 피아니
스트는 "예술을 위해 전쟁을 치른다"라고 표현한다.
어떤 음이든 허투루 치지 않는 것. 소리를 위해 바른
자세를 유지하는 것. 그리고 아름다움을 완성하기 위
해 올바른 호흡을 하는 것. 무대 위에서 빛나던 재능
을 가졌던 그는 다른 사람들에게 그 재능을 나누어주
는 것으로 사명을 다하고 있었다.

중학교 2학년 음악 시간에 악기 시험이 있었다. 각
자 아무 악기로 아무 곡을 연주하면 됐다. 그날, 지금
까지 이름이 기억날 만큼 아름다운 피아노 연주를 했

던 그 여자아이는 분명 어릴 때부터 꾸준히 레슨을 받았을 것이다. 자신 있게 연주하던 여자아이 곁에서 가만히 듣는 음악 선생님. 그 장면은 내가 처음 느꼈던 갈망의 풍경이었다. 나는 내가 그토록 피아노를 치고 싶었다는 사실을 그 순간 깨달았다.

나무 바닥이던 오래된 작은 학교 건물이 콘크리트 건물로 변신하고 얼마 지나지 않아 검은색 업라이트 피아노가 왔다. 오르간만 있던 작은 분교에 온 검은색 피아노는 반짝반짝 광택이 나 우리들의 얼굴이 비칠 만큼 참 세련되고 우아했다. 어쩌면 평생 보지 못할 뻔한 것. 그렇게 과장하고 싶은 사물. 그리고 그 생각에 미치기 전에 감탄스러웠던 것. 이질적이어서 황홀하고, 누구도 쉽게 다가가지 못해 고독해 보이던 검은색과 흰색의 건반.

시내에서 이사 온 1학년 아이의 엄마가 우리 엄마에게 피아노 선생님을 시내에서 모셔 올 테니 같이 레슨을 시켜보자고 했다. 피아노를 배울 수 있다는 사실조차 모르는 우리들과는 달리 시내에서 살다 온 그 아이의 엄마는 여자아이에게 피아노는 한 번쯤 거쳐야만 하는 사소한 통과의례라고 생각했던 것 같다. 시도

할 수 있는 평범함. 평범한 것은 뒤집으면 특별한 것이 된다. 우리에겐 학교를 마치면 경운기를 타고 감귤밭에 따라가는 평범한 일상만 있었다. 그 마을을 벗어나고 나서야 알게 되었다. 시내의 아이들에게 우리의 일상이 특별함이란 사실을.

결론부터 말하자면, 6학년이었던 나는 시내에서 버스를 타고 왔던 선생님에게 짧은 시간 동안 레슨을 받긴 했다. 선생님이 수첩에 그리고 간 동그라미에 연필로 선을 그어가며 열심히 연습했다. 내가 세상에서 처음 만난 감성이었다. 수업이 끝나면 검은색 피아노에 앉아 건반을 만졌다. 피아노를 배우던 순간부터 나는 평범한 아이들 속에서 특별해지기 시작했다. 하지만 여러 사정으로 나는 그만둬야 했다. 나는 내 의지로 그만둔 것이 아니었기 때문에 그때 해결되지 못한 감정이 여전히 나를 따라다니고 있음을 어른이 되어서 깨달았다. 학교가 끝나면 아무렇지 않게 피아노 학원으로 갔던 아이 중 하나가 되지 못했음을, 피아노 학원이 없는 곳에서 태어난 내가 스스로 안타까웠다. 해보았다는 사실은 될 수도 있었다는 선택의 가능성인 걸 생각하면, 학교 다니는 일과 귤밭에 가는 일 외에는 해본 일이 없던 나의 단조로운 유년이 속상했다.

225 　　강윤미—피아노의 숲

오래 배우지 못한 피아노는 내 감정의 여러 갈래를 데리고 있다.

　고등학생이던 나는, 그날 얼굴이 하얗고 목소리가 작았던 그 여자아이가 쳤던 피아노곡을 쳐보고 싶어 다짜고짜 악보를 샀다. 소용돌이쳤던 마음을 나는 잊을 수 없었다. 악보를 손에 쥔 것만으로 마음이 달떴다. 무작정 악보를 보고 연습했다. 매일매일 그 곡을 생각하고 또 생각했다. 카세트테이프로 듣고 또 들었다. 반복하고 또 반복했다. 그리고 얼마나 지났을까. 그 곡을 나도 비슷하게 흉내 낼 수 있게 되었다. 물론 카세트테이프에서 흘러나오는 음을 상기시키며 제 멋대로 친 곡이라 완벽하지 않다. 셈여림이나 조표 등 좀 더 훌륭한 음악이 되기 위한 조건은 잘 모른다. 형식보다 감성이 중요했다. 어쨌거나 그 곡을 얼마나 연습했던지 시간이 꽤 지난 후에도 손가락은 드문드문 기억했다.

　피아노를 배우고 있는 아이는 내가 그 곡만 칠 수 있다는 사실이 이해되지 않는다는 표정을 짓는다. 피아노를 오래 배우지 못했으며, 더 쉬운 곡도 치지 못하는 엄마가 훨씬 어려운 곡을 친다는 사실에 놀라워

한다. 피아노든 뭐든 한 계단 한 계단 올라가야 만날 수 있는 것들이 있다. 때때로 상식보다 열정이 앞서면 순서는 허무해진다.

대학 시절 여행을 갔던 어떤 도시의 낯선 방에서 잠든 친구 곁에서 나는 잠들지 못해서 텔레비전을 틀었다. 화면 속에는 바이올리니스트가 열정적으로 연주를 하고 있었다. 나는 마음 한쪽이 아려 와서 그대로 텔레비전을 끄고 말았다. 바이올린을 배울 수 있는 빈약한 가능성이 내 인생에 존재할 거란 생각조차 해본 적 없는 내가 뜬금없이 바이올린을 연주하는 여자를 보고 알 수 없는 갈망과 질투를 느꼈던 사실을, 아주 오랜 시간이 흐른 지금도 나는 이해할 수 없다. 유일하게 알았던 악기였고 유일하게 사랑에 빠졌던 피아노를 계속 배우지 못하고 그만둬야 했던 열세 살의 내가 스물세 살의 그 밤에 아주 잠깐 찾아왔던 것일까. 오래 레슨을 받을 수 있는 환경에 있었다면 악기를 사랑하는 사람으로 살아가겠다고 다짐했을 것 같은 나의 낯선 모습이 그 순간, 햇살 속에서 빛나는 먼지처럼 선명하게 드러났기 때문일까.

박자 감각도 없고, 음감도 없는 내가 가지고 있는

감성만으로 어떻게 연주자가 될 수 있단 말인가. 대학 시절에 들었던 수많은 연주 음악을 들으며, 나는 피아노 음악을 만드는 사람이 되고 싶었을지도 모른다고 생각했다. 피아노를 잘 치지 못했지만, 집에 있었던 중고 피아노의 건반을 혼자 산책하듯, 헤매듯 아무 음이나 쳐보고, 생겨난 음들에 심취하던 사춘기의 내가 그곳에 있었다.

대학 시절, 용돈을 모아 학교 근처 피아노 학원에 다니기도 했다. 선생님은 초등학생들이 치던 업라이트 피아노 대신 학원의 가장 크고 좋은 피아노를 치게 해주셨다. 화분 밑에 열쇠를 놓고 가시면서 언제든 와서 연습하라고 하셨다. 학원에 다니던 초등학생들보다 훨씬 못 치던 내게 그런 호의를 보여주신 건, 시를 쓰려고 섬에서 온 어수룩한 대학생의 눈에서 피아노를 사랑하는 마음을 발견해서였을까. 선생님은 결혼하시면서 미국에 가셨고 새 선생님이 오셨지만, 그때부터 나는 피아노 학원에 잘 나가지 않게 되었다.

그 후에도 늘 피아노에 대한 열망은 있었지만, 다시 배우진 못했다. 그리고 아이를 키우는 엄마가 되어서야 깨달았다. 나는 취미로 피아노를 하고 싶진 않았던 거다. 피아노로 음악을 만들고 연주하는 정체성을 갖고 싶었던 거다. 그래서 나는 악기를 열정적으로 시작하지 못한다. 늘 마음속에 피아노가, 그리고 어떤 영화를 보고 나선 아주 한참 동안 첼로가 마음의 이곳저곳을 돌아다녔지만, 나는 취미로는 하고 싶지 않은 것이다. 그냥 그런 것이다. 그래서 시작하고 싶지만, 시작하고 싶지 않은 것이다.

나는 손에 잡히지 않는 무언가를 만들고 싶은 것이었다. 그런 삶이 있는 내 이름을 선망했던 것이다. 글쓰기는 레슨이 없어도 쓰면 되는 거였다. 악보대로 하지 않아도 되고, 악보대로 하지 않아도 자유로울 수 있었다.

〈피아니스트 세이모어의 뉴욕 소네트〉의 마지막 장면에서 피아니스트가 한 말이 오래 남는다. "내 두 손으로 하늘을 만질 수 있다니 상상도 못 한 일이에요." 평생 피아노를 쳐온 피아니스트여서 할 수 있는 말이다. 고대 그리스 시인인 사포의 시이기도 한 이 말이 담고 있는 긴 여운을 만지고 싶다. 나 역시, 나의 두 손으로 무언가를 만지고 싶던 거였다. 아무리 써도 다음에 생겨날 문장은 만져지지 않고, 간절해도 내 글은 사랑할 수 없던 날들. 나는 외롭고 공허한 하늘에 비친 무지개를 사진에 담는다. 사진 속 무지개는 이제 우주로 떠난 걸까. 완전히 사라져 버린 걸까. 완전히 사라진다는 것은 무엇일까.

사진에만 허무하게 남은 무지개를 보며 나는 왜 글을 쓰는지 매일 잊고, 또 쓰면서 알게 된다. 이 허무한 글쓰기는 결국 숲에 버려진 피아노처럼 버려지게 될 것이다. 누군가 건반을 누르면 피아노는 나무임을 잊고 악기가 되고, 그리워하면 악기를 넘어선 음악이 될 것이다. 열세 살 나의 소망을 아무도 알지 못했지만, 나는 늘 음악 같은 글을 쓰고 싶었던 것이다.

안부

그는 날씨가 좋다고 했다. "네, 날씨가 참 좋네요"라고 나는 창밖을 보며 무심하게 말했다. 햇살이 택시 안까지 넓게 들어와 무릎을 환하게 감싸고 있었다. 눈을 기다린다고 했다. 아무 말 없이 가던 조용한 택시 안에서 그는 눈을 기다린다고 했다. 겨울이 되었지만, 눈은 오지 않았다. 그런 겨울이 나는 조금 서운했다. "눈이 오면 운전하기 힘드시니깐 싫지 않으세요?"라고 나는 물었고, 그는 "눈이 와서 바퀴가 빠지기도 하지만 그래도 눈이 좋네요"라고 대답했다. 나는 '눈이 좋다'는 그의 말이 듣기 좋았다. 듣기 좋았으므로, "저도 눈이 좋더라고요"라고 얼른 대답했다. 그는 눈을 좋아한다는 나의 말에 반가움을 감추지 못했다. 잠시 침묵이 흘렀다. 나는 눈이 오지 않는 겨울에 눈을 기다리는 나와 같은 심정의 그에게 조금 더 말을 걸고 싶어졌다. 운전하는 뒷모습에 대고 어떤 말이든 쏟아

내고 싶었다. 쏟아내도 괜찮을 것 같았다. 그는 내가
남긴 말들을 데리고 어디로든 갈 것이다.

"사실, 저는 섬에서 왔어요. 제가 자란 중산간 마을
에는 눈이 많이 쌓이곤 했어요." 그가 반색한다. 섬에
처가가 있다고 했다. 택시 안에서 섬사람을 사랑하는
사람을 만나다니, 신기했다. 섬사람을 만나지 못하고
산 나의 시간은 길고, 택시는 나를 태우고 짧은 거리
를 달린다. 눈은 길게 선을 그으며 내리고, 짧게 흩어
졌다 사라진다. 날씨로 시작해서 섬을 만난 오늘의 이
야기가 흘러가는 대로 흘러갈 수밖에 없던 세월을 뚫
고 나온 마음의 출처 같았다.

사고로 섬사람을 보냈다고 했다. 큰 도시의 큰 병원
으로 데려가지 못한 채 그냥 떠나보내야 했다고, 그는
담담하게 말했다. 운전하는 일은 손님이 방향을 정하
는 일이니까 그는 손님의 요구대로 가야만 한다. 추모
공원 근처를 지나게 될 때, 순간 어떤 마음일까. 운전
하는 일이어서 다행이라 생각했다. 뒤돌아보지 않아
도 되고, 눈물을 보일 필요가 없고, 흔들리는 마음을
들킬 필요 없으니까. 나는 그의 뒷모습을 새삼 바라보

았다. 섬에 가면 처남이 있다고 했다. 어느 중산간 마을의 도로에서 많은 눈을 만난 적이 있다고 했다. 눈이 없을 것만 같은 곳에서 만난 폭설은 예측하지 못하는 삶처럼 아스라이 사라졌다가 어느새 고요히 머무른다. 이제 폭설은 섬의 상징물이 된다. 겨울이면 생각나는 사람처럼 겨울이면 아주 먼 곳에서 폭설의 구름이 만들어질 것 같은 판타지. 그리움의 판타지는 그리움을 간직하고 있는 사람만이 가질 수 있는 특권이다. 마음속 판타지엔 색이 입혀진다. 그것은 소멸했다가 생겨나고, 빛에 바랬다가 물컹거리는 정체 모를 괴로운 기억이 되기도 한다. 만날 수 없다는 사실이 자명하고 이제 판타지는 부풀려질 일만 남았으므로, 어느 날엔 기분이 훌쩍 나빴다가 어느 날엔 속절없이 사랑스러워지는 것이다. 나는 문득 창밖을 바라보았다. 나는 어디에 판타지를 두고 이곳에 멈춘 걸까.

딱 한 번, 할머니의 몸을 본 적이 있었다. 할머니는 부끄러워하셨다. 나 역시 부끄러웠다. 누군가의 몸을 씻겨본 일은 그때가 처음이었다. 스무 살에 섬을 나와 혼자 살기 시작하면서부터 나는 섬에 있는 사람들을 드문드문 만나야 했다. 할머니는 갑자기 쓰러져서 몸의 중심을 한쪽으로 기울이며 걷게 되셨다. 소식을 전하는 엄마의 목소리 너머에서 바다가 출렁거렸다. 편지 쓰는 일을 좋아했다. 모르는 사람에게 편지 쓰는 일을 좋아했다. 편지지에 편지를 담아 모르는 하늘에 등불처럼 띄우고 싶었다. 중학교 때는 인천의 어느 중학교에 무작정 편지를 보내 펜팔을 시작했고, 고등학교 때는 경북 청도에 있는 한 살 많은 언니와 편지를 주고받았다. 대학생 시절에는 군대를 갔다는 동아리 선배들에게 편지를 썼다. 얼굴을 모르는 그들에게 이름만으로 시작하는 편지를 보냈다. 편지는 이름으로 시작해서 이름으로 끝난다. 얼굴은 무용하다. 편지를 받고 싶다는 간절한 사람에게 편지를 못 쓸 이유가 없었다. 막상 휴가를 나오면 서먹해져서 할 말이 없었지만, 군대로 돌아가면 다시 일기 같은 편지를 썼다. 유배지에 있는 사람처럼, 정신병원에 갇힌 예술가처럼, 가루약을 몸속으로 밀어 넣듯 모든 할 말을 종이에 털어 넣고 나는 모른 척했다. 받을 사람은 내가 아니니까 편지를 보내고 모른 척했다. 짐짓 새침해진다. 방학을 맞아 섬에 갈 때면 과 친구에게 열심히 섬 이야기를 편지에 길어 올렸다. 친구는 우리의 편지가 바다를 오고 간다는 사실이 무척이나 흥분된다고 했다. 나

234 나의 왼발

는 편지를 쓰는 나를 사랑했던 것일까.

　소식은 갑작스럽게 당도한다. 낮빛이 변해간다는 작은아버지의 소식을 들었던 오후부턴 붉으락푸르락 달라지는 저녁 어스름의 구름을 설거지하다 말고 자꾸 쳐다보았다. 올 것만 같았던 작은아버지의 부고는 어김없이 바다를 건넜다. 바다가 있어서 모든 일은 시간차가 발생한다. 내가 살았던 곳과 내가 살고 있는 곳 사이에 바다가 있어서 모든 일은 즉각적이지 않다. 나는 시간의 간격이 있다고 느낀다. 이따금 오랫동안 못 본 고향 친구들을 꿈속에서 만난다. 친구가 아픈 건 아닐까, 친구에게 무슨 일이 있는 건 아닐까, 걱정이 된다. 친구의 얼굴을 온종일 떠올리려는 나의 마음을, 나는 가만히 살핀다. 친구를 마지막으로 본 그때 나는 아이가 없던 사람이었나. 아이가 몇 살이었나. 나의 마음을 만진다. 이 아침은 어쩌자고 꿈은 버리고 사람의 얼굴을 남겨놓았나. 곁에 없는 얼굴을 잊어버리지 말라고 장면은 부지런한 구름처럼 바다를 건너오는 걸까. 섬에 자주 가지 못해서, 가더라도 여행자처럼 캐리어를 끌고 잠깐 있다 오니까 보지 못한 사람들의 얼굴이 많다. 코로나가 한참 심하던 때 할머니의 부고 소식이 전해졌지만, 가지 못했다. 부고 소식을 들으면 나는 그들을 마지막으로 봤던 때가 언제였나를 가늠한다.

반듯이 누워 있는 작은아버지의 얼굴을 볼 수가 없어서 고개를 잔뜩 숙였다. 염이란 걸 처음 보았다. 보지 않았다. 나는 동굴 속으로 숨듯 자꾸 몸을 기울였다. 사람은 죽을 때 깨끗이 씻는다. 아이는 피가 묻은 채로 태어난다. 아이의 몸에 묻은 피는 내 몸속에 있던 피. 그래서 아이가 삶에 들어오면 어미의 삶은 선연해지는 걸까. 처음 본 아이의 얼굴은 붉다. 해처럼 붉다. 울음은 타오른다. 사람은 죽을 때 눈처럼 차가워지므로, 달 같다. 달처럼 희미해졌다가 선명해진다. 새하얗다. 창백하다. 회청색 하늘에 뜬 가없은 달. 죽은 사람을 떠올릴 때마다 마음은 상현달이 되었다가 하현달이 된다. 불쑥 보름달이 되었다가 그믐달이 된다. 보름달이 되었을 때, 나는 인사를 건네지 못한 사람들에게 미안해진다. 나는 잘살고 있는 걸까.

마지막을 보지 않았으므로 할머니는 어딘가에 계실 것 같다는 환상. 섬은 살아있는 사람과 죽은 사람을 적절하게 받아들여서 가라앉지 않을 거라는 왜곡. 오래 못 보고 지내는 것과 돌아가셨기 때문에 못 보는 것은 표면상 같을지도 모른다는 어리석은 생각을 한다. 누군가 남겨놓은 숙제 같은 부재의 공간을 나는 살필 여력이 없어서 멋대로 생각해 버린다. 다만 나는 가까운 사람들의 죽음이, 내가 사랑하는 사람들의 부고가 바다를 가로지를 것 같아 두렵다. 택시를 타고 바다를 횡단할 순 없다. 사랑하는 사람들의 마지막을 보지 못할까 봐 나는 두렵다. 두려움은 어디서부터 기인하는 걸까. 작별하고 싶다. 작별 인사를 하고 싶다. 두려움과 작별하고, 만약 작별해야 할 사랑이 있다면 인사를 하고 싶다. 그들의 손에 내 손을 포개고 싶다.

꿈을 망각하고 아침이라는 일상을 시작하려 할 때, 몸은 경계를 건너지 못해 착각을 일으키는 것일까. 나는 인기척을 느꼈다. 안아주려던 것 같기도 하다. 모든 건 불확실한데, 꿈에서 벗어나 살아있음을 자각했을 때 이상하게 작은아버지가 생각났다. 모든 건 내가 만든 환영일까. 나는 이 감정에 대해 '아무것도 포갤 수 없는 아주 얇은 감정'이라고 썼다. 그리고 모두 허상이겠지만, 작은아버지는 "입을 잃어버려서 단어가 있어야 할 자리에 마음을 놓고 간다"라는 말을 했다고 시에 썼다. 그 말은 시에 필요하지 않았다. 깨자마자 그 말이 자연스럽게 떠올랐고, 문득 시가 되었다. 믿고 싶다고 강하게 밀어붙일 때 시가 온다. 시간약속을 하지도 않았는데 꿈속으로 들이닥친 친구들의 표정이 그리움 때문이면 좋겠다. 오래 연락하지 않고 지낸 내게 남은 건 섬에 눈이 오면 눈을 맞을 사람들의 그림엽서 같은 풍경뿐. 외롭고 힘들었던 이야기, 기쁨으로 활짝 미소가 피어올랐던 전후 사정은 모르는 추측으로만 이루어진 그림엽서 같은 이야기. 과거의 기억에 기댄 내가 믿고 싶은 심정으로만 생겨난 한컷의 이미지. 사랑은 노크도 없이 얼굴을 들이민다. 눈은 맨살 같아서 만지면 맨살만 남고, 닳으려고 애를 쓰느라 잿빛의 물이 되어 흐른다. 눈의 감촉에 쉽게 도달할 수 없기 때문에 눈이 그리운 걸까.

눈을 그리워한다는 것은 돌아가신 그분의 눈을 잊을 수 없다는 것일까. 눈이 많이 오던 섬의 중산간 마을에는 그분의 체취가 남아있을지 모르니 눈을 기어코 부르고 싶은 걸까. 눈은 허공을 쥐며 내려오기 때문에 사라지면 그 자리에 공허라는 감정이 생긴다. 빈곳은 처음부터 비어있지 않기 때문에 '빈 곳'이 되

었는데도, 모든 빈 곳은 비어있음을 강요당한다. 편지
는 빈 곳에 도달하고자 하는 마음이다. 나는 만난 적
없는 섬사람에게 글자 없는 편지를 쓴다. 눈과 눈은
조응한다. 사람이 있던 자리엔 사람 대신 사랑이 오
고, 눈이 오는 자리엔 아내의 눈을 보며 이야기를 나
눌 수 있는 완성된 저녁이 온다. 그리움의 결핍이 깊
어지면 모든 결말은 애도가 된다. 다른 사람에겐 허용
되지 않는 억지를 부리게 된다. 이 감정을 그냥 지나
칠 수 없는 것은 섬에 있는 사람들이 안온했으면 좋겠
다는 나의 마음 때문일 것이다. 누군가에게 나눌 수
있는 마음의 빛이 차오르면 글이 쓰고 싶어진다. 쓰고
나면 홀가분해진다. 나는 어디에 마음의 빛을 두고 와
서 자꾸 홀가분해지려는 걸까. 새는 빈 곳을 어떻게
알고 날아다니는 걸까.

나의 왼발

여섯 작가의 인생 분투기

초판 1쇄 인쇄　　2025년 4월 7일
초판 1쇄 발행　　2025년 4월 14일

지은이　　　　　김미옥 | 하서찬 | 김정배 | 김승일 | 박지음 | 강윤미
펴낸이　　　　　정해종

펴낸곳　　　　　(주)파람북
출판등록　　　　2018년 4월 30일 제2018-000126호
주소　　　　　　경기도 파주시 회동길 480 아트팩토리엔제이에프 B동 222호
전자우편　　　　info@parambook.co.kr
인스타그램　　　@param.book
페이스북　　　　www.facebook.com/parambook/
대표전화　　　　031-935-4049

편집　　　　　　현종희
디자인　　　　　studio abb

ISBN　　　　　　979-11-7274-035-1 (03810)

• 책값은 뒤표지에 있습니다.
• 이 책은 저작물 저작권법에 따라 보호받는 저작물이므로 무단 전재와 복제를 금하며,
　이 책 내용의 전부 또는 일부를 이용하시려면 반드시 저작권자와 (주)파람북의 서면
　동의를 받아야 합니다.